Benedikt XVI.
Gedanken – Impulse –Visionen

Benedikt XVI.

Gedanken
Impulse
Visionen

Jürgen Erbacher (Hg.)

EDITION RADIO VATIKAN

benno

Edition Radio Vatikan

Bibliografische Information Der Deutschen Bibliothek
Die Deutsche Bibliothek verzeichnet diese Publikation in der Deutschen Nationalbibliografie; detaillierte bibliografische Daten sind im Internet über http://dnb.ddb.de abrufbar.

ISBN 3-7462-1959-0

04159 Leipzig, Stammerstr. 11
www.st-benno.de
www.radiovaticana.de
Einbandgestaltung: Ulrike Vetter, Leipzig,
unter Verwendung eines Fotos von Corbis/
Alessandra Benedetti
Gesamtherstellung: Kontext, Lemsel

Inhalt

„Papst Benedikt XVI. ist ein unerschrockener Garant der Festigkeit des Glaubens mitten in allen Wandlungen."

Kardinal Karl Lehmann

„Er ist eine Autorität, aber nicht autoritär."

Kardinal Tarcisio Bertone

„Ich habe ihn kennen gelernt als einen Mann großer Menschlichkeit, Höflichkeit und Freundlichkeit, immer bereit, auch Meinungen anzuhören, die mit seiner nicht übereinstimmten."

Kardinal Carlo Maria Martini

Benedikt XVI.

„Mit seinem Lächeln erobert er die Herzen der Menschen." So hört man in diesen Tagen viele Stimmen rund um den Vatikan. Benedikt XVI., ehemals Kardinal Joseph Ratzinger, hat es in wenigen Tagen geschafft, die Menschen für sich zu gewinnen. Auch wenn er nicht so gekonnt mit den Massen umzugehen weiß wie sein Vorgänger, seine bescheidene, fast schüchterne Art überzeugt. Wäre die Bezeichnung „der lächelnde Papst" nicht schon durch Johannes Paul I. besetzt, hätte sie zum Synonym für Benedikt XVI. werden können.

Als der neue Papst am 19. April 2005 auf die Loggia des Petersdoms trat, war es genau dieses Lächeln, das um die Welt ging. Joseph Ratzinger, jetzt Benedikt XVI., wirkte gelöst, voll Freude über den Zuspruch der Menschen und auch Vorfreude über das, was in seinem neuen Amt kommen wird. Kaum mehr als 24 Stunden zuvor hatte die Welt noch einen anderen Joseph Ratzinger erlebt. Bei der Messe vor dem Einzug ins Konklave blickte er streng in die Runde der Kardinäle, die sich zum Gottes-

dienst versammelt hatten. In den Tagen und Wochen davor wirkte der langjährige Präfekt der Glaubenskongregation ernst und unnahbar. Mit der Wahl schien er wie gewandelt.
Doch Benedikt XVI. ist sich treu geblieben. Das sagen zumindest diejenigen, die ihn näher kennen. Während in Deutschland das Bild vorherrschte, Kardinal Ratzinger sei ein unnahbarer Kirchenfürst, haben ihn die Menschen in Rom und auch Bischöfe aus aller Welt ganz anders erlebt. Wenige Tage vor dem Konklave berichtete ein afrikanischer Kardinal, dass für ihn selbstverständlich Kardinal Ratzinger der geeignetste Kandidat für die Papstnachfolge sei. Gefragt nach den Gründen, erklärte er: Kardinal Ratzinger habe immer ein offenes Ohr für seine Probleme gehabt; er sei in den Begegnungen immer sehr freundlich und herzlich gewesen und zudem sei er ein brillanter Theologe. Und gerade diesen brauche die Kirche angesichts der vielen Herausforderungen, vor denen sie steht. Die Bewohner und Geschäftsleute aus der Nachbarschaft Kardinal Ratzingers im Borgo Pio, dem römischen Stadtviertel, in dem er wohnte, berichten von einem warmherzigen und offenen Menschen, den sie

Amtseinführung am 24. April 2005

nach der Wahl stolz als einen der Ihren bezeichneten – einen „Borghigiano“.
Wenn Benedikt XVI. also seiner Herzlichkeit treu geblieben ist, so ist er auch seinen Prinzipien treu geblieben. In den Tagen nach der Wahl war oft davon die Rede, Benedikt XVI. werde inhaltlich ein anderer sein, als es Kardinal Ratzinger vor der Wahl war. Als Papst habe er eine andere Aufgabe wie als Glaubenswächter. Das mag durchaus zutreffen; aber an den theologischen Positionen und Grundprinzipien hat sich durch die Wahl nichts verändert. Das wurde auch in den Ansprachen der ersten Wochen deutlich: der Schutz des Lebens von der Empfängnis bis zum natürlichen Tod, das Eintreten für Ehe und Familie und gegen die Gleichstellung gleichgeschlechtlicher Lebensgemeinschaften sind nur einige Beispiele dafür. Auch hat er bereits mehrfach davor gewarnt, den Glauben zu verwässern und anzupassen. Als Nachfolger Petri trage er die Verantwortung dafür, dass das Wort Gottes „in seiner Größe erhalten bleibt und in seiner Reinheit erklingt, auf dass es nicht von ständig wechselnden Moden zerrissen werde“, sagte er bei der Inbesitznahme seiner Bischofs-

kirche San Giovanni in Laterano. Den Weg der Ökumene will er fortsetzen, und er erklärte bereits mehrfach, dass hier Worte nicht ausreichten, sondern konkrete Gesten folgen müssen.
Benedikt hat in den ersten Wochen deutlich gemacht, dass er sich ganz in der Tradition seines Vorgängers sieht. In vielen Ansprachen erinnerte er – stets unter großem Beifall der Zuhörer – an Johannes Paul II., den er als „Großen Papst“ und als „Geschenk Gottes“ sieht. Ein Zeichen der besonderen Wertschätzung ist mit Sicherheit auch seine Entscheidung, den Seligsprechungsprozess für Papa Wojtyła bereits eröffnen zu lassen – in Abweichung vom Kirchenrecht, das eigentlich eine Frist von fünf Jahren zwischen Tod und Beginn des Prozesses vorsieht.
Kontinuität also in den theologischen Fragen und Grundprinzipien des Glaubens. Und dennoch setzt Papst Benedikt bereits in den ersten Wochen eigene Akzente. In seinem Wappen etwa ersetzte er die Papstkrone, die Tiara, durch eine Bischofsmütze, die Mitra. Bei den Audienzen – etwa für die beim Heiligen Stuhl akkreditierten Diplomaten – fasst

er sich kurz, konzentriert sich auf das Wesentliche. Auf einen effektiveren Arbeitsstil deutet auch die Entscheidung hin, die Bischofssynode zur Eucharistie im Herbst 2005 von vier auf drei Wochen zu verkürzen. Auffallend ist, dass sich Benedikt viel Zeit für die Anliegen der Menschen nimmt, die zu ihm kommen. So kann es durchaus passieren, dass am Ende der wöchentlichen Generalaudienz ein Bischof mehrere Minuten mit dem Papst über die Sorgen seiner Diözese spricht, während auf dem Petersplatz die Menschenmenge auf den Papst im Papamobil wartet. Beim ersten Treffen mit den Priestern seines Bistums Rom nahm sich Benedikt XVI. sogar zwei Stunden Zeit, hörte sich die Fragen und Sorgen der Priester an und antwortete spontan auf einige der angesprochenen Themen. Genau das ist es, was viele seiner Weggefährten immer wieder berichten. Joseph Ratzinger ist nicht der Mann, der die großen Massen in seinen Bann zieht – auch wenn er seit seiner Wahl zum Papst immer mehr lernt, auch mit den Massen umzugehen. Seine Stärke liegt im persönlichen Gespräch, im theologischen Diskurs, in der Diskussion. Joseph Ratzinger ist

zeitlebens ein Wissenschaftler geblieben. Bei seinen Auftritten in der Lateranbasilika beim eben schon erwähnten Gespräch mit den Priestern sowie wenige Tage später bei der Eröffnung eines Familienkongresses des Bistums Rom konnte man dies ganz deutlich erkennen. Benedikt XVI. saß vor dem Hauptaltar hinter einem Tisch – und lehrte.
Geboren am 16. April 1927 in Marktl am Inn, begann seine wissenschaftliche Karriere nach Kriegsende 1945 mit dem Studium der Philosophie und Theologie in München und Freising. Nach seiner Priesterweihe 1951 war er ein gutes Jahr als Kaplan in einer Pfarrei tätig, bevor er schließlich endgültig die wissenschaftliche Laufbahn einschlug. Das Studium der Theologie, die Liebe vor allem zu den Kirchenvätern ließen ihn nie mehr los. Mit nur 26 Jahren wurde Ratzinger Dozent für Dogmatik und Fundamentaltheologie in Freising. Später lehrte er als Professor in Bonn, Münster, Tübingen und Regensburg. 1977 ernannte ihn Papst Paul VI. zum Erzbischof von München und Freising. Nur vier Jahre später holte ihn Johannes Paul II. nach Rom als Leiter der Glaubenskongregation. Er sollte einer der engs-

ten Vertrauten des polnischen Pontifex werden. Ratzinger ist bekannt für seinen scharfen Intellekt, seine klaren Analysen, seine geschliffene Sprache und seinen weiten theologischen Horizont. Dafür zollen ihm auch seine Kritiker großen Respekt.

Die Hoffnungen vieler Menschen ruhen gerade auf diesen Fähigkeiten des neuen Papstes angesichts der Herausforderungen, vor denen die Kirche, aber auch die Welt in Zeiten des Terrorismus, der Unsicherheiten und einer zunehmenden sozialen Ungerechtigkeit stehen. Benedikt XVI. – ein Mann der klaren Prinzipien, der in unsicheren Zeiten klare Vorgaben zu geben vermag und sich bei der Verteidigung der christlichen Werte auf keine Kompromisse einlassen wird. Benedikt XVI. – ein exzellenter Theologe, der die Spielräume auszuloten weiß, die die kirchliche Tradition auch bei vermeintlich unveränderbaren Positionen doch noch hat. Benedikt XVI. – ein Mann, der den Dialog sucht mit allen Menschen, mit den Gläubigen anderer Religionen und mit den Ungläubigen.

Benedikt XVI. – ein Papst, der noch für so manche Überraschung gut ist.

Ich bitte euch um Vertrauen

Das eigentliche Regierungsprogramm aber ist, nicht meinen Willen zu tun, nicht meine Ideen durchzusetzen, sondern gemeinsam mit der ganzen Kirche auf Wort und Wille des Herrn zu lauschen und mich von ihm führen zu lassen, damit er selbst die Kirche führe in dieser Stunde unserer Geschichte.

Hl. Messe zur Amtseinführung, 24. 4. 2005

Nach der Wahl

Liebe Brüder und Schwestern, nach dem großen Papst Johannes Paul II. haben die Herrn Kardinäle mich gewählt, einen einfachen und bescheidenen Arbeiter im Weinberg des Herrn. Mich tröstet die Tatsache, dass der Herr auch mit ungenügenden Werkzeugen zu arbeiten und zu wirken weiß. Vor allem vertraue ich mich euren Gebeten an. In der Freude des auferstandenen Herrn und im Vertrauen auf seine immerwährende Hilfe gehen wir voran. Der Herr wird uns helfen, und Maria, seine allerseligste Mutter, steht uns zur Seite. Danke.

Apostolischer Segen „Urbi et Orbi", 19. 4. 2005

Als langsam der Gang der Abstimmungen mich erkennen ließ, dass sozusagen das Fallbeil auf mich herabfallen würde, war mir ganz schwindelig zumute. Ich hatte geglaubt, mein Lebenswerk getan zu haben und nun auf einen ruhigen Ausklang meiner Tage hoffen

Nach der Wahl am 19. April 2005

zu dürfen. Ich habe mit tiefer Überzeugung zum Herrn gesagt: Tu mir dies nicht an! Du hast Jüngere und Bessere, die mit ganz anderem Elan und mit ganz anderer Kraft an diese große Aufgabe herantreten können.
Da hat mich ein kleiner Brief sehr berührt, den mir ein Mitbruder aus dem Kardinalskollegium geschrieben hat. Er erinnerte mich daran, dass ich die Predigt beim Gottesdienst für Johannes Paul II. vom Evangelium her unter das Wort gestellt hatte, das der Herr am See von Gennesaret zu Petrus gesagt hat: Folge mir nach! Ich hatte dargestellt, wie Karol Wojtyła immer wieder vom Herrn diesen Anruf erhielt und immer neu viel aufgeben und einfach sagen musste: Ja, ich folge dir, auch wenn du mich führst, wohin ich nicht wollte. Der Mitbruder schrieb mir: Wenn der Herr nun zu dir sagen sollte „Folge mir", dann erinnere dich, was du gepredigt hast. Verweigere dich nicht! Sei gehorsam, wie du es vom großen heimgegangenen Papst gesagt hast. Das fiel mir ins Herz.
Bequem sind die Wege des Herrn nicht, aber wir sind ja auch nicht für die Bequemlichkeit, sondern für das Große, für das Gute

geschaffen. So blieb mir am Ende nichts, als Ja zu sagen. Ich vertraue auf den Herrn, und ich vertraue auf euch, liebe Freunde. Ein Christ ist nie allein.

Audienz für die deutschen Pilger, 25. 4. 2005

Gehen wir miteinander, halten wir zusammen. Ich vertraue auf eure Hilfe. Ich bitte euch um Nachsicht, wenn ich Fehler mache wie jeder Mensch oder wenn manches unverständlich bleibt, was der Papst von seinem Gewissen und vom Gewissen der Kirche her sagen und tun muss. Ich bitte euch um euer Vertrauen. Halten wir zusammen, dann finden wir den rechten Weg. Und bitten wir Maria, die Mutter des Herrn, dass sie uns ihre frauliche und mütterliche Güte spüren lässt, in der uns erst die ganze Tiefe des Geheimnisses Christi aufgehen kann. Der Herr segne euch alle!

Audienz für die deutschen Pilger, 25. 4. 2005

Benedikt – der Namenspatron

Am 11. Juli feiern wir das Fest des heiligen Benedikt von Nursia, des Schutzpatrons von Europa, eines Heiligen, der mir – wie es ja meine Namenswahl zeigt – besonders nahe steht.

Im heutigen Norcia um das Jahr 480 geboren, studierte Benedikt zunächst in Rom. Das Stadtleben war für ihn aber eine Enttäuschung, und so zog er sich nach Subiaco zurück. Dort verbrachte er ungefähr drei Jahre in einer Höhle, der berühmten „sacro speco“, und stellte sein Leben ganz in den Dienst Gottes. Zusammen mit seinen ersten Gefolgsleuten errichtete er in Subiaco einige Klöster und bediente sich dabei der Ruinen einer zyklopischen Villa von Kaiser Nero. So gründete er seine Gemeinschaft von Brüdern, die sich am Primat der Liebe Christi orientierten und Gebet und Arbeit zum Lobpreis Gottes auf harmonische Weise miteinander verknüpften.

Jahre später vollendete er sein Werk in Montecassino und brachte seine Regel zu Papier.

Sie ist die einzige von ihm erhaltene schriftliche Überlieferung. Mitten in der Asche des römischen Reiches suchte Benedikt vor allem anderen das Reich Gottes. Dabei säte er, vielleicht ohne es selbst zu bemerken, den Samen für eine neu entstehende Zivilisation, in der die christlichen Werte im klassischen Erbe aufgehen und sich die germanischen Kulturen mit den slawischen verbinden sollten.

In seiner Spiritualität gibt es einen bestimmten Aspekt, den ich heute besonders betonen möchte: Benedikt gründete nicht im Stil anderer großer missionarischer Mönche der damaligen Zeit einen Orden mit dem Hauptziel, den unzivilisierten Völkern das Evangelium zu verkünden, sondern er zeigte jenen, die ihm folgten, dass das grundlegende, ja sogar einzige Ziel des Lebens darin besteht, Gott zu suchen: „Quaerere Deum."

Allerdings war ihm auch bewusst, dass sich der gläubige Mensch, der in eine tiefe Beziehung zu Gott eingetreten ist, nicht mit einem mittelmäßigen Leben, einer minimalistischen Ethik und einer oberflächlichen Religiosität zufrieden geben kann. In diesem Zusammen-

hang wird das Wort, das Benedikt vom heiligen Zyprian übernommen und in seiner Regel (IV, 21) als mönchisches Lebensprogramm zusammengefasst hat, verständlicher: „Nihil amori Christi praeponere" – „nichts der Liebe Christi vorziehen".
In dieser Einladung besteht die Heiligkeit. Sie richtet sich an jeden Christen und ist gerade in der heutigen Zeit, in der man spürt, dass das Leben und die Geschichte solide spirituelle Referenzen dringend benötigt, zu einem echten pastoralen Imperativ geworden.

Angelus, 10. 7. 2005

Ich wollte mich Benedikt XVI. nennen, weil ich geistig an den ehrwürdigen Papst Benedikt XV. anknüpfen wollte, der die Kirche in der stürmischen Zeit des Ersten Weltkriegs geleitet hat. Er war ein mutiger und wahrer Prophet des Friedens und bemühte sich mit großer Tapferkeit zuerst darum, das Drama des Krieges zu vermeiden, und später dessen unheilvolle Auswirkungen einzudämmen.

Ich möchte mein Amt auf seinen Spuren im Dienst der Versöhnung und Harmonie unter den Menschen und Völkern fortführen in der Überzeugung, dass das große Gut des Friedens vor allem ein Geschenk Gottes, ein zerbrechliches und wertvolles Geschenk ist, das Tag für Tag durch den Beitrag aller zu erbitten, zu schützen und aufzubauen ist.
Der Name Benedikt erinnert auch an die herausragende Gestalt des großen „Patriarchen des abendländischen Mönchtums“, an den hl. Benedikt von Nursia, der zusammen mit den hll. Cyrill und Methodius Patron von Europa ist. Die zunehmende Ausbreitung des von ihm gegründeten Benediktinerordens hatte großen Einfluss auf die Verbreitung des Christentums in ganz Europa. Deshalb wird der hl. Benedikt in Deutschland und besonders in Bayern, meinem Geburtsland, sehr verehrt; er ist ein grundlegender Bezugspunkt für die Einheit Europas und ein nachdrücklicher Hinweis auf die unverzichtbaren christlichen Wurzeln der europäischen Kultur und Zivilisation.
Von diesem Vater des abendländischen Mönchtums kennen wir die Empfehlung, die

er den Mönchen in seiner Regel hinterlassen hat: „Der Liebe zu Christus nichts vorziehen" (*Regel* 72,11; vgl. 4,21). Zu Beginn meines Dienstes als Nachfolger Petri bitte ich den hl. Benedikt, uns zu helfen, an der zentralen Stellung Christi in unserem Dasein festzuhalten. Er soll in unserem Denken und Handeln immer an erster Stelle stehen!

Generalaudienz, 27. 4. 2005

Der Wahlspruch: „Mitarbeiter der Wahrheit"

Zunächst einmal gibt es eine subjektive Voraussetzung der Wahrheit. Dass das, was ich sage, übereinstimmt mit dem, was ich denke. Das heißt, dass das Denken und Sagen im Einklang sind. Dann aber muss als nächste Stufe dazukommen, dass auch das, was ich sage und denke, mit dem übereinstimmt, was wirklich ist. Und wenn ich diese Übereinstimmung habe, entsteht Wahrheit. Da gibt es nun das große Problem: Wie weit reicht unsere Möglich-

Inbesitznahme der Lateranbasilika am 7. Mai 2005

keit, das, was ist, richtig zu denken und zu sagen? Heute meinen viele Leute, das reicht nur auf das Materielle hin, über alles Größere hinaus wissen wir nicht, wie es wirklich ist. Wir sind sozusagen blind geboren für die Wahrheit. Richtig ist, dass wir sehr augenkrank sind, wenn es um dieses „Eigentliche" geht, das sich hinter den materiellen Dingen verbirgt. Aber, Gott hat uns sozusagen Nachhilfe-Unterricht erteilt in der Geschichte des Glaubens und unsere Augen aufgemacht, so dass wir da auch sehen lernen können.
Bei meinem Wahlspruch „Mitarbeiter an der Wahrheit" ist natürlich an den gedacht, der selber die Wahrheit ist. Wir sind Mitarbeiter dadurch, dass wir helfen, die Wahrheit in der Welt sichtbar zu machen, dass wir sie sehen können, dass man nach ihr leben kann. Denn Wahrheit ist nicht nur etwas Theoretisches, sondern Wahrheit ist ein Maßstab. Wer sie sieht, muss sich an sie halten. Und darum geht es bei diesem Begriff: Sehen lernen und sich an das halten, was wir sehen lernen können.

Interview von Radio Vatikan mit Kardinal Joseph Ratzinger aus Anlass seines 75. Geburtstags, ausgestrahlt am 14. 4. 2002

Es gibt ja den Spruch: Lügen haben kurze Beine. Das heißt, wer lügt, verstrickt sich in ein Netz und wird dann immer abhängiger von diesem Netz. Das heißt dann tiefer gesehen: Der Mensch lebt dann gar nicht nach dem, was wirklich ist und was er wirklich ist, sondern richtet sich nach dem, was „gilt". Er lebt insofern mit dem Schein gegen sich selbst und gegen die Wahrheit. Das treibt ihn in ständige neue Abhängigkeiten. Wesentlich ist, dass er sich eben nicht von dem Maßstab: „was gilt?" führen lässt, sondern versucht, mit dem übereinzustimmen, was er wirklich ist. Das können wir eben dann, wenn wir Wahrheit erkennen, und das können wir wiederum dann, wenn wir Christus nachgehen. Und dann werden wir auch frei von diesen Maßstäben und lassen uns auch mal verprügeln von der öffentlichen Meinung. Dann zählt nicht mehr, was ich dabei für Erfolge verbuchen kann, sondern dann zählt: richtig zu leben, das Gute zu tun. Dann weiß ich, dass ich auf dem guten Weg bin, frei bin von diesen Abhängigkeiten, die scheinbar Freiheit sind und uns in Wirklichkeit aber versklaven.

Interview von Radio Vatikan, 14. 4. 2002

Festgottesdienst zu Peter und Paul 2005

Aus meinem Leben

Jesus Christus ist der Bezugspunkt meines Lebens. Ich versuche, im Gespräch mit ihm zu leben und mich von ihm immer wieder „zurechthobeln“ zu lassen. Das bedeutet einerseits, dass ich vor ihm stehend immer wieder mein Versagen einsehen muss und mich zurechtbiegen lassen muss, andererseits auch immer wieder das große Vertrauen empfange, dass er, der Vergebende, mich immer wieder annimmt und ich mit ihm immer wieder weitergehen darf. Also, ich würde sagen: ein bisschen von dem, wie der damals in den Filmen von Guareschi ausgeleuchtete Pfarrer (Don Camillo), der mit dem Gekreuzigten redet und von daher „zurechtgebogen“ wird.

Auf eine weniger dramatische, aber vielleicht doch auch ganz tiefe Weise gilt dies, glaube ich, für jeden Christen, für jeden Menschen. Und so versuche ich es in meinem Leben, dass ich wirklich mich mühe, ihn zu hören. Und dann sehe ich, wie ich getadelt werde, bekomme aber auch den Mut, wieder aufzustehen und wieder neu anzufangen, mit dem Versuch, es besser zu machen. Immer im Wissen: Er ist gut. Er ist streng, aber er ist vor allen Dingen gut und lässt mich nicht fallen. Mit ihm kann ich weitergehen.

Interview von Radio Vatikan, 14. 4. 2002

Am leichtesten fällt mir zu sagen, was ich an anderen Menschen besonders schätze. Ich würde sagen: Offenheit. Dass man nicht Hintergedanken fürchten muss. In dem Sinn: Wahrheit, Offenheit, Herzlichkeit, Humor und Güte. Das, glaube ich, sind so die Eigenschaften, die mich am ehesten mit einem Menschen verbinden und die ich mir selber auch am meisten wünschen würde. Ich wage nicht, meine Tugenden zu katalogisieren. Ganz stark bin ich vielleicht in keiner der vier Kardinaltugenden: Ich versuche vor allen Dingen, mein Maß zu erkennen und meine Grenzen einzusehen. Von da aus, das zu tun, was ich kann. Und da gibt es dann sicher auch das Versagen. Was meine Fehler betrifft: Die anderen Leute kennen meine Fehler zweifellos besser als ich selber. Insofern würde ich jetzt auch nicht zu einer öffentlichen Beichte ausholen wollen. Doch: Es gibt einen Fehler, den die meisten Leute vielleicht nicht sehen. Ich neige eigentlich zur Bequemlichkeit. Am liebsten möchte ich mich von den öffentlichen Ärgerlichkeiten und Geschäften in die professorale Idylle zurückziehen. Aber der Herr prügelt mich dann schon immer wieder in meine Verantwortung hinein.

Interview von Radio Vatikan, 14. 4. 2002

Ich habe in den 25 Jahren als Bischof vor allem gelernt, mir nichts zu fest vorzunehmen, weil es doch immer wieder ganz anders kommt, und anzunehmen, was mir zugeschickt wird. Aber die Idee habe ich schon, dass ich zunächst ein kleineres oder mittelgroßes Buch über den Religions-Dialog und die zusammenhängenden Probleme auch der Zugänglichkeit von Wahrheit noch zustande bringen möchte. Was mir aber besonders am Herzen läge, wäre noch ein Buch über Jesus Christus zu schreiben, in dem ich, abseits

dieser Streitigkeiten um den historischen Jesus und all diesen Geschichten, einfach den Herrn, so wie er uns in der Heiligen Schrift entgegentritt und wie ich ihn in den Gesprächen sozusagen kennen gelernt habe, darstellen möchte.
Wenn mir das geschenkt würde, wäre das sozusagen der Wunsch, den ich vor allem trage. Und damit verbindet sich der Wunsch, dass ich genügend Zeit und Freiheit finde, um das zustande zu bringen.

Interview von Radio Vatikan, 14. 4. 2002

Die Ferien sind Tage, in denen man sich mehr als sonst dem Gebet widmen kann, in denen man lesen und die grundlegenden Dinge des Lebens meditieren kann – im heiteren Umfeld der Familie und von Menschen, die einem wertvoll sind. Die Ferien bieten die einzigartige Möglichkeit, innezuhalten vor dem beeindruckenden Schauspiel der Natur, dem zauberhaften „Buch“, das allen, groß wie klein, gegeben ist. Im Kontakt mit der Natur findet der Mensch seine Bestimmung wieder, er ent-

Der erste Urlaub in den Alpen 2005

deckt sich neu als Kreatur, klein, aber gleichzeitig einzigartig, offen für Gott, denn sein Inneres öffnet sich für die Unendlichkeit. Dabei öffnet er sich sozusagen auf natürliche Art und Weise zum Lob und zum Gebet.

Angelus in den Bergen, 17. 7. 2005

Wenn die Last der Verantwortung, die auf meine schwachen Schultern gelegt wird, übermäßig groß ist, so ist die göttliche Macht, auf die ich zählen kann, sicher grenzenlos. Als er mich zum Bischof von Rom erwählt hat, wollte der Herr mich zu seinem Stellvertreter, er wollte mich zum „Felsen" machen, auf den sich alle sicher stützen können. Ich bitte ihn, meinen schwachen Kräften Abhilfe zu leisten, damit ich ein mutiger und treuer Hirt seiner Herde sein und den Eingebungen seines Geistes folgen kann.

Hl. Messe Pro Ecclesia, 20. 4. 2005

Das Zeugnis Papst Johannes Pauls II.

Er hinterlässt eine mutigere, freiere und jüngere Kirche. Eine Kirche, die nach seiner Lehre und seinem Beispiel gelassen auf die Vergangenheit blickt und keine Angst vor der Zukunft hat.

Hl. Messe Pro Ecclesia, 20. 4. 2005

Unerschütterlicher Zeuge des Evangeliums

Papst Johannes Paul II. war ein geistlicher Führer, der immer wieder neue Impulse gab. Die Feiern rund um das große Jubiläum des Jahres 2000 stellten dies eindrucksvoll unter Beweis: Immer wieder unterstrich Johannes Paul II., dass die Kirche von weit her kommt, aber nicht rückwärts blickt, sondern vorwärts. Sie geht mit dem gekommenen Christus dem kommenden Herrn entgegen. Christus lebt; er kann und er will die Welt in all ihren Krisen erneuern, damit sie sich dem Reich Gottes öffnet.

Johannes Paul der Große,
St. Benno-Verlag 2005, Vorwort

In dieser Stunde geht meine Erinnerung zurück zum 28. Oktober 1978, als Papst Johannes Paul II. hier auf dem Petersplatz sein Amt übernahm. Immer noch und immer wieder klingen mir seine Worte von damals in

Begegnung mit Papst Johannes Paul II. im Februar 2004

den Ohren: „Non avete paura: Aprite, anzi spalancate le porte per Cristo!“ [„Habt keine Angst: Öffnet, ja reißt die Tore weit auf für Christus.“] Der Papst sprach zu den Starken, zu den Mächtigen der Welt, die Angst hatten, Christus könnte ihnen etwas von ihrer Macht wegnehmen, wenn sie ihn einlassen und die Freiheit zum Glauben geben würden. Ja, er würde ihnen schon etwas wegnehmen: die Herrschaft der Korruption, der Rechtsbeugung, der Willkür. Aber er würde nichts wegnehmen von dem, was zur Freiheit des Menschen, zu seiner Würde, zum Aufbau einer rechten Gesellschaft gehört. Und der Papst sprach zu den Menschen, besonders zu den jungen Menschen.
Haben wir nicht alle irgendwie Angst, wenn wir Christus ganz herein lassen, uns ihm ganz öffnen, könnte uns etwas genommen werden von unserem Leben? Müssen wir dann nicht auf so vieles verzichten, was das Leben erst so richtig schön macht? Würden wir nicht eingeengt und unfrei? Und wiederum wollte der Papst sagen: Nein. Wer Christus einlässt, dem geht nichts, nichts – gar nichts verloren von dem, was das Leben frei,

schön und groß macht. Nein, erst in dieser Freundschaft öffnen sich die Türen des Lebens. Erst in dieser Freundschaft gehen überhaupt die großen Möglichkeiten des Menschseins auf. Erst in dieser Freundschaft erfahren wir, was schön und was befreiend ist.

So möchte ich heute mit großem Nachdruck und großer Überzeugung aus der Erfahrung eines eigenen langen Lebens euch, liebe junge Menschen, sagen: Habt keine Angst vor Christus! Er nimmt nichts, und er gibt alles. Wer sich ihm gibt, der erhält alles hundertfach zurück. Ja, aprite, spalancate le porte per Cristo – dann findet ihr das wirkliche Leben. Amen.

Hl. Messe zur Amtseinführung, 24. 4. 2005

Als unermüdlicher Missionar des Evangeliums hat Johannes Paul II. in den zahlreichen von ihm besuchten Ländern auch für das Anliegen der Einheit der Menschheitsfamilie einen einzigartigen Dienst geleistet. Indem er alle Menschen guten Willens einlud, unaufhörlich ihr Gewissen zu schärfen und in Liebe und gegenseitigem Verzeihen eine gerechte, friedliche und solidarische Gesellschaft aufzubauen, hat er den Weg zu Gott gezeigt.

Ansprache an das diplomatische Korps, 12. 5. 2005

Der Glaube braucht den Mut der Vernunft zu sich selbst. Er steht nicht gegen sie, sondern fordert sie heraus, sich das Große zuzutrauen, zu dem sie geschaffen ist. „Sapere aude" – mit diesem Imperativ hatte Kant das Wesen von Aufklärung umschrieben. Man könnte sagen, dass der Papst auf eine neue Weise einer metaphysisch mutlos gewordenen Vernunft zuruft: „Sapere aude!" Trau dir das Große zu! Dafür bist du bestimmt. Der Glaube, so zeigt uns der Papst, will die Vernunft nicht zum Schweigen bringen, sondern sie von dem Schleier befreien, der angesichts der großen Fragen der Menschheit weithin auf ihr liegt.
Aber wir stehen in der Versuchung, der Vernunft ihre wahre Größe zu verweigern. Und da sieht es der Papst mit Recht als Aufgabe

des Glaubens an, die Vernunft neu zum Mut zur Wahrheit zu ermutigen. Ohne Vernunft verfällt der Glaube; ohne Glauben droht die Vernunft zu verkümmern. Es geht um den Menschen. Aber damit der Mensch erlöst werde, brauchen wir den Erlöser – brauchen wir Christus, den Menschen, der Mensch und Gott in einer einzigen Person ist – „unvermischt und ungetrennt".

Vortrag über das Lehramt Johannes Pauls II.
in seinen 14 Enzykliken, 9. 5. 2003

Stark im Leiden und Sterben

Ich glaube, wir haben gerade in diesen letzten Jahren gelernt, dass das Zeugnis eines leidenden Papstes eine große Bedeutung hat, dass Leiden eine eigene Art der Verkündigung ist. Ich habe durch viele Briefe und persönliche Zeugnisse gesehen, wie leidende Menschen sich dadurch neu angenommen fühlen. (...) Er hat uns gerade auch in der Zeit seines Leidensweges vieles geschenkt und Neues gesagt. Kurzum: Es ist ja ein Stück eines ganzen Weges. Wir haben vom Papst sehr viele Worte geschenkt bekommen, eine große Botschaft. Eine andere Botschaft ist, dass er nun in die Passion Jesu Christi mit eintritt; und das zeigt, wie Leiden fruchtbar ist als Mittragen mit dem Herrn, Mittragen mit den vielen Leidenden dieser Welt, an denen sichtbar wird: Leiden hat Sinn, Leiden kann etwas Positives sein. Insofern, glaube ich, ist das, wenn man das Ganze seines Papstlebens und Wirkens betrachtet, eine Botschaft, die gerade in dieser Welt sehr wichtig ist, in der man das Leiden verstecken oder abschaffen will, das man eben nicht abschaffen kann.

Interview von Radio Vatikan, 28. 2. 2005

Ich denke, wir haben gerade im letzten Buch Johannes Pauls. II eine Antwort darauf gefunden, wo er uns sagt, dass er im Zusammenhang mit dem Attentat einerseits und mit der Botschaft von Faustina Kowalska über das göttliche Mitleid andererseits gelernt hat, dass im Mitleiden Gottes das Lei-

den selbst einen neuen positiven Sinn gewonnen hat und eine wesentliche Form ist, wie Gott uns erlöst, dem Bösen eine Grenze setzt. Er setzt dem Bösen nicht Grenzen, indem er Gewalt dagegen setzt; er begrenzt es gerade durch sein Mitleiden, indem er nun das Böse nicht selber tut, sondern den Menschen, die Welt in seinem Leiden neu aufnimmt und annimmt.
Diese innere Überzeugung, die in ihm gerade seit dem Attentat gereift ist und für die ihm die Botschaft von Faustina Kowalska über das göttliche Mitleiden ein theologischer Vorlauf gewesen war, ist sozusagen die inwendige Schau, von der er dabei lebt und mit der er das im Gefolge des leidenden Christus als Zeichen des Vertrauens auf das göttliche Mitleiden annimmt und den anderen weitergibt.

Interview von Radio Vatikan, 28. 2. 2005

Wir dürfen sagen: die Beerdigung Johannes Pauls II. war wirklich eine außerordentliche Erfahrung, bei der in gewisser Weise die

Macht Gottes zu spüren war, der durch seine Kirche alle Völker zu einer großen Familie machen will mit der einenden Kraft der Wahrheit und der Liebe (vgl. *Lumen gentium*, 1). Ähnlich seinem Meister und Herrn hat Johannes Paul II. in der Todesstunde sein langes und fruchtbares Pontifikat gekrönt, indem er das christliche Volk im Glauben gestärkt und es um sich versammelt hat, so dass sich die ganze Menschheitsfamilie geeinter fühlen konnte.

Hl. Messe Pro eligendo Romano Pontifice, 18. 4. 2005

Requiem für Papst Johannes Paul II. am 8. April 2005

Christus zeigt den Weg zum richtigen Leben

Je mehr wir Jesus lieben, je mehr wir ihn kennen, umso mehr wächst unsere wahre Freiheit, wächst die Freude darüber, erlöst zu sein. Danke, Jesus, für deine Freundschaft!

Hl. Messe Pro eligendo Romano Pontifice, 18. 4. 2005

Christus ist das Licht der Welt

Israel wurde in der Wüste des Nachts von einer Feuersäule, tagsüber von einer Wolke der Weg gewiesen. Unsere Feuersäule, unsere heilige Wolke ist der auferstandene Christus, der versinnbildlicht wird durch die brennende Osterkerze. Christus ist das Licht; Christus ist der Weg, die Wahrheit und das Leben; wenn wir Christus folgen, wenn wir den Blick unseres Herzens fest auf Christus richten, finden wir den rechten Weg. Die ganze Pädagogik der Liturgie der Fastenzeit konkretisiert dieses grundlegende Gebot: Christus folgen heißt zuallererst, aufmerksam auf sein Wort hören.

Hl. Messe in der Osternacht, 26. 3. 2005

Das Gleichnis vom verlorenen Schaf, dem der Hirte in die Wüste nachgeht, war für die Kirchenväter ein Bild für das Geheimnis Christi und der Kirche. Die Menschheit, wir alle, sind das verlorene Schaf, das in der

Wüste keinen Weg mehr findet. Den Sohn Gottes leidet es nicht im Himmel; er kann den Menschen nicht in solcher Not stehen lassen. Er steht selber auf, verlässt des Himmels Herrlichkeit, um das Schaf zu finden, und geht ihm nach bis zum Kreuz. Er lädt es auf die Schulter, er trägt unser Menschsein, er trägt uns – er ist der wahre Hirt, der für das Schaf sein eigenes Leben gibt.

Hl. Messe zur Amtseinführung, 24. 4. 2005

Die Himmelfahrt Christi ist keine Weltraumfahrt zu den fernsten Gestirnen; denn im Grunde genommen bestehen auch die Gestirne, ebenso wie die Erde, aus physischen Elementen. Die Himmelfahrt Christi bedeutet, dass er nicht mehr der Welt der Vergänglichkeit und des Todes angehört, die unser Leben bedingt. Sie bedeutet, dass er vollkommen Gott gehört. Er – der ewige Sohn – hat unser Menschsein vor das Angesicht Gottes getragen, er hat das Fleisch und Blut in einer verwandelten Gestalt mit sich getragen. Der Mensch findet Raum in Gott; durch Christus wurde das menschliche Sein in das innerste Leben Gottes selbst hineingenommen. Und da Gott den ganzen Kosmos umfasst und trägt, bedeutet die Himmelfahrt des Herrn, dass sich Christus nicht von uns entfernt hat, sondern dass er jetzt, weil er beim Vater ist, jedem von uns für immer nahe ist. Jeder von uns darf zu ihm „Du“ sagen; jeder kann ihn anrufen. Der Herr befindet sich immer in Hörweite. Wir können uns innerlich von ihm entfernen. Wir können leben, indem wir ihm den Rücken zukehren. Aber er erwartet uns immer und ist uns immer nahe.

Hl. Messe zur Inbesitznahme der Lateranbasilika, 7. 5. 2005

In den Berichten über die Auferstehung gibt es ein wesentliches gemeinsames Merkmal; die Engel sagen: Der Herr „geht euch voraus nach Galiläa, dort werdet ihr ihn sehen“ (Mt 28,7). Bei näherer Betrachtung können wir sagen, dass dieses „Vorausgehen“ Jesu eine doppelte Richtung beinhaltet. Die erste ist, wie wir gehört haben – Galiläa. In Israel galt Galiläa als das Tor zur Welt der Heiden. Und tat-

sächlich sehen die Jünger in Galiläa, auf dem Berg, Jesus, den Herrn, der zu ihnen sagt: „Darum geht zu allen Völkern ... und lehrt sie" (Mt 28,19 f.).
Die andere Richtung, in die der Auferstandene vorausgeht, erscheint im Johannesevangelium, in den Worten Jesu an Maria Magdalena: „Halte mich nicht fest; denn ich bin noch nicht zum Vater hinaufgegangen" (Joh 20,17). Jesus geht uns zum Vater voraus, er steigt zur Höhe Gottes hinauf und lädt uns ein, ihm zu folgen. Diese beiden Richtungen des Weges des Auferstandenen widersprechen sich nicht, sondern zeigen zusammen den Weg der Nachfolge Christi an.
Das wahre Ziel unseres Weges ist die Gemeinschaft mit Gott – Gott selbst ist das Haus mit den vielen Wohnungen (vgl. Joh 14,2 f.). Aber wir können zu diesem Haus nur aufsteigen, wenn wir „nach Galiläa" gehen – wenn wir auf den Straßen der Welt gehen und das Evangelium zu allen Völkern bringen, allen Menschen aller Zeiten das Geschenk seiner Liebe bringen.

Hl. Messe zu Fronleichnam, 26. 5. 2005

Ewigkeit, das bedeutet: Dass wir uns als Menschen an das anhalten können, was nicht untergeht, was ewig ist; wenn wir uns an die Liebe und an die Wahrheit anhalten, dann haben wir uns dem angehalten, was uns durch den Tod durchtragen kann. Noch praktischer: Wenn wir uns an Christus anhalten. Er ist der, der uns durch die dunkle Nacht des Todes hindurch trägt und uns Ewigkeit gibt, die wir uns insofern vorstellen können, dass es das gibt, was wir immer möchten und nie erreichen: Das wirkliche, vollständige Erfülltsein, das Glück, das kein Ende, kein Zerbrechen fürchten muss.

Interview von Radio Vatikan, 14. 4. 2002

Erst wo Gott gesehen wird, beginnt das Leben richtig. Erst wo wir dem lebendigen Gott in Christus begegnen, lernen wir, was Leben ist. Wir sind nicht das zufällige und sinnlose Produkt der Evolution. Jeder von uns ist Frucht eines Gedankens Gottes. Jeder ist gewollt, jeder ist geliebt, jeder ist gebraucht. Es gibt nichts Schöneres, als vom Evangelium, von

Christus gefunden zu werden. Es gibt nichts Schöneres, als ihn zu kennen und anderen die Freundschaft mit ihm zu schenken.

Hl. Messe zur Amtseinführung, 24. 4. 2005

Über die Christus-Nachfolge

Wir verweilen nur bei zwei Punkten. Der erste ist der Weg zur „Reife Christi", wie es etwas vereinfachend im italienischen Text heißt. Dem griechischen Text nach müssten wir genauer von dem „Maß der Fülle Christi" sprechen, die zu erreichen wir gerufen sind, um wirklich Erwachsene im Glauben zu sein. Wir sollen nicht Kinder im Zustand der Unmündigkeit bleiben. Was heißt, unmündige Kinder im Glauben sein? Der hl. Paulus antwortet: Es bedeutet, „ein Spiel der Wellen zu sein, hin- und hergetrieben von jedem Widerstreit der Meinungen ..." (Eph 4, 14). Eine sehr aktuelle Beschreibung!

Hl. Messe Pro eligendo Romano Pontifice, 18. 4. 2005

Festgottesdienst zu Peter und Paul 2005

Christus zu folgen beinhaltet, aufmerksam zu sein gegenüber seinen Geboten – die zusammengefasst sind im zweifachen Gebot, Gott zu lieben und den Nächsten zu lieben wie uns selbst. Christus folgen heißt, Mitleid zu empfinden für die Leidenden, ein Herz für die Armen zu haben; es heißt auch, Mut dazu aufzubringen, den Glauben gegen die Ideologie zu verteidigen, Vertrauen zu haben in die Kirche und in ihre Auslegung und konkrete Umsetzung des göttlichen Wortes für unsere heutige Situation. Nachfolge Christi schließt die Liebe zu seiner Kirche, seinem mystischen Leib, ein. Wenn wir diesen Weg gehen, entzünden wir kleine Lichter in der Welt, durchbrechen wir die Finsternis der Geschichte.

Hl. Messe in der Osternacht, 26. 3. 2005

Ich würde sagen, die Bergpredigt ist kein politisches Rezept. Das muss man, glaube ich, im Voraus sehen. Sie setzt voraus, dass wir in der Berührung mit Gott stehen und ihn in der Gemeinschaft mit Christus erken-

nen. Und dann von da aus den Weg finden, Christentum radikal zu leben.
Papst Johannes Paul II. hat einmal gesagt: „Die Bergpredigt ist eine verhüllte Autobiografie Christi, in der sein eigenes Gesicht und Leben sichtbar wird. ER ist der Gewaltlose, der Friedensstifter, der Arme.“ Wenn man also von der Biografie Christi aus sozusagen die Bergpredigt liest, dann sieht man, dass es gar nicht so sehr auf die Einzelheiten ankommt, jeder kann nur einen Teil verwirklichen. Das Prinzip darin ist dieses: Christus nahe zu kommen und in seinem Leben die Gemeinschaft mit Christus neu auszudrücken und sich davon in seinem Leben führen und bestimmen zu lassen.

Interview von Radio Vatikan, 14. 4. 2002

Christus hat uns nicht das bequeme Leben versprochen. Wer Bequemlichkeit will, der ist bei ihm allerdings an der falschen Adresse. Aber er zeigt uns den Weg zum Großen, zum Guten, zum richtigen Menschenleben. Wenn er vom Kreuz spricht, das wir auf uns nehmen sollen, ist es nicht Lust an der Quälerei oder kleinlicher Moralismus. Es ist der Impuls der Liebe, die aufbricht aus sich selbst heraus, die nicht umschaut nach sich selber, sondern den Menschen öffnet für den Dienst an der Wahrheit, an der Gerechtigkeit, am Guten. Christus zeigt uns Gott und damit die wahre Größe des Menschen.

Audienz für die deutschen Pilger, 25. 4. 2005

Die Gesinnung Jesu nachvollziehen heißt, Macht, Reichtum, Ansehen nicht als höchste Werte unseres Lebens zu betrachten, denn im Grunde stillen sie die innerste Sehnsucht unseres Geistes nicht; wir sollen hingegen unser Herz dem andern öffnen, mit dem andern die Last unseres Lebens tragen und uns dem himmlischen Vater gehorsam und vertrauensvoll öffnen in dem Bewusstsein, dass wir gerade durch unseren Gehorsam gegenüber dem Vater frei werden. Die Gesinnung Jesu nachvollziehen – das wäre die tägliche Übung, die wir als Christen leben sollen.

Generalaudienz, 1. 6. 2005

Maria als Vorbild der Hingabe

Tatsächlich lehrt uns Maria, die Mutter des Herrn, was es heißt, in Gemeinschaft mit Christus zu treten. Maria hat ihr eigenes Fleisch, ihr eigenes Blut Jesus gegeben und ist zum lebendigen Zelt des Wortes geworden, als sie sich im Körper und im Geist von seiner Gegenwart durchdringen ließ. Wir bitten sie, unsere heilige Mutter, dass sie uns dabei helfe, unser ganzes Sein immer mehr der Gegenwart Christi zu öffnen. Sie helfe uns, ihm treu zu folgen, Tag für Tag, auf den Straßen unseres Lebens.

Hl. Messe zu Fronleichnam, 26. 5. 2005

Die unbefleckte Jungfrau spiegelt die Barmherzigkeit des Vaters wider. Ohne Erbsünde empfangen, vermochte sie auch jenen zu vergeben, die ihren Sohn zu Füßen des Kreuzes verlassen und verletzt haben. Sie hilft uns als „Anwältin" in unseren Nöten und legt bei ihrem Sohn Fürsprache für uns ein, indem sie, wie damals im galiläischen Kana, zu ihm sagt: „Sie haben keinen Wein mehr“ (Joh 2,3), im Vertrauen darauf, dass sein gütiges Herz uns in einem schwierigen Augenblick nicht enttäuschen wird. Mit der klaren Weisung: „Was er euch sagt, das tut“ (Joh 2,5) lädt sie uns ein, uns Christus zu nähern und bei dieser Suche zu erfahren, zu spüren und zu sehen, „wie gütig der Herr ist“. Aus dieser Erfahrung entsteht im menschlichen Herzen ein geschärfter Blick, um das Gute, das Schöne und das Wahre schätzen zu lernen.

Schreiben an die spanischen Bischöfe, 26. 5. 2005

Eucharistie als Quelle des Lebens

Die Eucharistie setzt den auferstandenen Christus immer gegenwärtig, der sich uns weiterhin darbringt, indem er uns auffordert, am Gastmahl seines Leibes und seines Blutes teilzuhaben. Aus der vollen Gemeinschaft mit Ihm erwächst jedes weitere Element des Lebens der Kirche, an erster Stelle die Gemeinschaft zwischen allen Gläubigen, die Verpflichtung, das Evangelium zu verkünden und zu bezeugen, und die leidenschaftliche Liebe zu allen, besonders zu den Armen und Geringen.

Hl. Messe Pro Ecclesia, 20. 4. 2005

Den Auferstandenen, der in der Gestalt des Brotes gegenwärtig ist, kann man nicht „essen" wie ein einfaches Stück Brot. Dieses Brot essen heißt kommunizieren, heißt eintreten in die Gemeinschaft mit der Person des lebendigen Herrn. Diese Kommunion, dieses „Essen" ist wirklich eine Begegnung zwischen zwei Personen, ein Sich-durchdringen-Lassen vom Leben dessen, der der Herr ist, der mein Schöpfer und Erlöser ist. Ziel dieser Kommunion, dieses „Essens", ist die Angleichung meines Lebens an sein Leben, meine Umwandlung und Gleichgestaltung mit ihm, der lebendige Liebe ist. Deshalb schließt diese Kommunion die Anbetung ein, den Willen, Christus nachzufolgen, dem zu folgen, der uns vorangeht. Anbetung und Prozession sind also Teil einer einzigen Geste der Kommunion; sie antworten auf seinen Auftrag: „Nehmt und esst".

Hl. Messe zu Fronleichnam, 26. 5. 2005

Die Teilnahme am sonntäglichen Gottesdienst Woche für Woche ist für jeden Christen unerlässlich, um in eine echte Vertrautheit mit dem göttlichen Wort hineinzuwachsen: Der Mensch lebt nicht allein vom Brot oder vom Geld oder von der Karriere, er lebt vom Wort Gottes, das uns korrigiert, uns erneuert, uns die wahren tragenden Werte der Welt und Gesellschaft erkennen lässt: Das Wort Gottes ist Manna, das Brot vom Himmel, das uns das Leben, das Menschsein lehrt.

Osternacht, 26. 3. 2005

Wir brauchen dieses Brot, um die Mühen und die Erschöpfung der Reise zu bewältigen. Der Sonntag, Tag des Herrn, ist die beste Gelegenheit, um aus ihm, dem Herrn des Lebens, Kraft zu schöpfen. Das Sonntagsgebot ist also keine von außen auferlegte Verpflichtung, keine Last auf unseren Schultern. Im Gegenteil, an der sonntäglichen Messfeier teilzunehmen, sich vom eucharistischen Brot zu nähren, die Gemeinschaft der Brüder und Schwestern in Christus zu erfahren, ist für den Christen ein Bedürfnis, eine Freude; so kann der Christ die nötige Kraft finden für den Weg, den wir jede Woche zurücklegen müssen. Es ist übrigens kein willkürlicher Weg: Der Weg, den Gott uns in seinem Wort weist, führt in die Richtung, die in das Wesen des Menschen selbst eingeschrieben ist. Das Wort Gottes und die Vernunft gehören zusammen. Dem Wort Gottes folgen, mit Christus gehen, bedeutet für den Menschen, sich selbst zu verwirklichen; ihn verlieren heißt sich selbst verlieren.

Hl. Messe beim Nat. Eucharistischen Kongress Italiens, 29. 5. 2005

In Wirklichkeit ist Christus der erste Märtyrer. Er hat sein Leben in einem Kontext von Hass und Lüge hingegeben, hat aber dieses Leiden und damit auch diesen Kontext in Eucharistie verwandelt, in ein Fest des Dankes. Denn Eucharistie ist Danksagung.

Generalaudienz, 25. 5. 2005

Wir tragen Christus, der in der Gestalt des Brotes gegenwärtig ist, durch die Straßen unserer Stadt. Wir vertrauen diese Straßen, diese Häuser – unser tägliches Leben – seiner Güte an. Mögen unsere Straßen Jesu Wege sein! Mögen unsere Häuser Häuser für ihn und mit ihm sein! Möge unser tägliches Leben durchdrungen sein von seiner Gegenwart. Mit dieser Geste tragen wir vor seine Augen die Leiden der Kranken, die Einsamkeit der Jungen und Alten, die Versuchungen, die Ängste – unser ganzes Leben.

Gottesdienst zu Fronleichnam, 26. 5. 2005

Seid Zeugen Christi in der Welt

Jedem Menschen die befreiende Neuheit des Evangeliums verkünden, ihm in allem nahe zu sein, was sein Dasein ausmacht und seine Menschlichkeit zum Ausdruck bringt: Darin besteht die ständige Herausforderung für die Kirche.

Schreiben zum 25. Jahrestag des Besuches von Papst Johannes Paul II. bei der UNESCO, 24. 5. 2005

Gegen den Relativismus

Wie viele Glaubensmeinungen haben wir in diesen letzten Jahrzehnten kennen gelernt, wie viele ideologische Strömungen, wie viele Denkweisen ... Das kleine Boot des Denkens vieler Christen ist nicht selten von diesen Wogen zum Schwanken gebracht, von einem Extrem ins andere geworfen worden: vom Marxismus zum Liberalismus bis hin zum Libertinismus; vom Kollektivismus zum radikalen Individualismus; vom Atheismus zu einem vagen religiösen Mystizismus; vom Agnostizismus zum Synkretismus, und so weiter. Jeden Tag entstehen neue Sekten, und dabei tritt ein, was der hl. Paulus über den Betrug unter den Menschen und über die irreführende Verschlagenheit gesagt hat (vgl. Eph 4,14).

Einen klaren Glauben nach dem Credo der Kirche zu haben, wird oft als Fundamentalismus abgestempelt, wohingegen der Relativismus, das sich „vom Windstoß irgendeiner Lehrmeinung Hin-und-hertreiben-Lassen“, als die heutzutage einzige zeitgemäße Haltung erscheint. Es entsteht eine Diktatur des Relativismus, die nichts als endgültig anerkennt und als letztes Maß nur das eigene Ich und seine Gelüste gelten lässt.

Hl. Messe Pro eligendo Romano Pontifice, 18. 4. 2005

Wir haben jedoch ein anderes Maß: den Sohn Gottes, den wahren Menschen. Er ist das Maß des wahren Humanismus. „Erwachsen" ist nicht ein Glaube, der den Wellen der Mode und der letzten Neuheit folgt; erwachsen und reif ist ein Glaube, der tief in der Freundschaft mit Christus verwurzelt ist. Diese Freundschaft macht uns offen gegenüber allem, was gut ist und uns das Kriterium an die Hand gibt, um zwischen wahr und falsch, zwischen Trug und Wahrheit zu unterscheiden. Diesen erwachsenen Glauben müssen wir reifen lassen, zu diesem Glauben müssen wir die Herde Christi führen.

Und dieser Glaube – der Glaube allein – schafft die Einheit und verwirklicht sich in der Liebe. Dazu bietet uns der hl. Paulus – im Gegensatz zu den ständigen Sinnesänderungen derer, die wie Kinder von den Wellen hin- und hergeworfen werden – ein schönes Wort: die Wahrheit tun in der Liebe, als grundlegende Formel der christlichen Existenz. In Christus decken sich Wahrheit und Liebe. In dem Maße, in dem wir uns Christus nähern, verschmelzen auch in unserem Leben Wahrheit und Liebe. Die Liebe ohne Wahrheit wäre blind; die Wahrheit ohne Liebe wäre wie „eine lärmende Pauke“ (1 Kor 13,1).

Hl. Messe Pro eligendo Romano Pontifice, 18. 4. 2005

Es gibt vielerlei Arten von Wüsten. Es gibt die Wüste der Armut, die Wüste des Hungers und des Durstes. Es gibt die Wüste der Verlassenheit, der Einsamkeit, der zerstörten Liebe. Es gibt die Wüste des Gottesdunkels, der Entleerung der Seelen, die nicht mehr um die Würde und um den Weg des Menschen wissen. Die äußeren Wüsten wachsen in der Welt, weil die inneren Wüsten so groß geworden sind. Deshalb dienen die Schätze der Erde nicht mehr dem Aufbau von Gottes Garten, in dem alle leben können, sondern dem Ausbau von Mächten der Zerstörung. Die Kirche als Ganze und die Hirten in ihr müssen wie Christus sich auf den Weg machen, um die Menschen aus der Wüste herauszuführen zu den Orten des Lebens – zur Freundschaft mit dem Sohn Gottes, der uns Leben schenkt, Leben in Fülle.

Hl. Messe zur Amtseinführung, 24. 4. 2005

Wenn wir die Welt von heute hören, die ja auch in uns existiert, hören wir alle Probleme, alle Schwierigkeiten, die sich dem Glauben entgegenstellen. Wir müssen in der Lage sein, diese Probleme ernst zu nehmen. Der hl. Petrus, der erste Bischof von Rom, sagt in seinem ersten Brief, dass wir Christen bereit sein sollen, Rede und Antwort zu stehen für unseren Glauben. Das setzt voraus, dass wir selbst den Grund des Glaubens verstanden haben, dass wir dieses Wort, das für die anderen wirklich eine Antwort sein kann, mit dem Herzen, mit der Weisheit des Herzens und auch mit dem Verstand, wahrhaft verinnerlicht haben.

Im ersten Petrusbrief gibt es im griechischen Text ein schönes Wortspiel: Es ist die Rede von der „apología“, der Antwort des „logos“, der Grundlage unseres Glaubens. Das bedeutet, dass der „logos“, der Grund des Glaubens, das Wort des Glaubens zur Antwort des Glaubens werden muss. Und wir wissen gut, dass die Sprache des Glaubens den heutigen Menschen oft sehr fern ist; sie kann ihnen nur nahe gebracht werden, wenn sie in uns zur Sprache unserer Zeit wird. Wir sind Zeitgenossen; wir leben in dieser Zeit, mit diesen Gesinnungen und Empfindungen. Wenn sie in uns verwandelt wird, kann sie eine Antwort finden.

Treffen mit dem Klerus von Rom, 13. 5. 2005

Pfingsten 2005

Die Gottesfrage neu stellen

Es gibt sicher eine Akzentverschiebung in der Kontinuität des Glaubens und Denkens, die einfach durch die Entwicklung der Zeit nötig geworden ist. Vor 50 Jahren stand das Christentum als solches noch ziemlich fest in der Mitte der abendländischen Gesellschaft. So dass wir suchen mussten, wie die Kirche, in der der Glaube lebt, von der er uns zukommt, besser ihrem Auftrag dienen kann. Heute weht uns der Wind viel stärker ins Gesicht. Die Kirche haben viele ohnedies schon abgeschrieben. Die Frage ist radikaler geworden. Christus wird auf Jesus reduziert. Auf einen beispielhaften Menschen, ja, über den dann aber wieder die Meinungen sehr unterschiedlich sind.

Die Gottesfrage wird weitgehend beiseite geschoben. Es bleiben menschliche Vorbilder, bis zu Gott reicht es gar nicht hin. So dass heute vielmehr die Frage ist: Gibt es noch mehr? Ist dieser Jesus mehr als irgendeines der Vorbilder, die es einmal gegeben hat? Erreichen wir in ihm wirklich Gott? Nur wenn wir auf diese Fragen antworten, können wir die Herausforderung bestehen, die in der Gegenwart liegt. Wenn wir den Blick zu Gott nicht wieder frei bekommen, leben wir im Unverbindlichen. Gerade die Vorstellung, dass wir Wahrheit nicht sehen können, bedeutet, dass im Grunde jeder sich das Leben selber ausdenken muss, dass wir unverbindlich bleiben und dass das Leben dann auch leer wird. Deswegen ist es notwendig, heute die Fragen radikaler zu stellen als vor 50 Jahren.

Interview von Radio Vatikan, 14. 4. 2002

Zweifellos muss die Gottesfrage neu gestellt werden. Gerade das ist uns abhanden gekommen: dass von der Gegenwart Gottes alles abhängt. Auch Theologien sind davon ausgegangen, in denen man sagt: Na ja, es gibt viele Atheisten und Agnostiker, wir müssen schauen, dass wir uns ohne Gott arrangieren. Es ist ja dann daraus auch diese Theologie entstanden, als ob es Gott nicht gäbe. Dann wird Gott gar nicht mehr als Gott angesehen, wenn er im Grunde verzichtbar ist. Wir müssen wie-

der erkennen, dass nichts mehr funktioniert im Menschenleben, wenn Gott abwesend wird. Wir müssen das zunächst selber wieder einsehen lernen, dann können wir es auch den anderen verständlich weitergeben.
Natürlich ist die Gottesfrage keine einfach theoretische Frage. Wir können Gott intellektuell ausdenken, aber ein bloß „gedachter" Gott ist keine Kraft. Wer auf Gott zukommen will, muss das Experiment des Lebens mit Gott auf sich nehmen. Die alte Kirche hat das getan, indem sie das Katechumenat einführte, in einer verfallenen Gesellschaft ein Leben aus den Maßstäben Gottes probierte und damit Gott auch wieder in Sicht brachte. So ist es, glaube ich, auch heute wichtig, dass wir solche Oasen, solche Inseln schaffen, in denen das gemeinsame Experiment des Lebens nach den Maßstäben Gottes gewagt wird. Dann geht einem das Herz, dann gehen einem die Augen auf. Dann erkennen wir, dass es vernünftig ist, daran zu glauben, dass hinter der Vernunft dieser Welt die schöpferische Vernunft steht, die zugleich Liebe ist und uns die rechten Maßstäbe zeigt.

Interview von Radio Vatikan, 14. 4. 2002

Wir haben in unserer Zeit ja gelernt, damit zu leben, dass wir uns viele Dinge überhaupt nicht vorstellen können. Ich würde sagen, es gibt auch hier, trotz der Unzulänglichkeit unseres Vorstellens, Brücken, die hinüberführen von der Vernunft in den Glauben. Irgendwie wissen wir, dass der Mensch mehr verlangt als die paar Jahre seines Lebens. Wir wissen, dass die Liebe ein Verlangen nach Ewigkeit in sich beinhaltet. Es wäre insofern absurd, wenn es das nicht geben würde.

Interview von Radio Vatikan, 14. 4. 2002

Mut zum Zeugnis

Wenn wir sagen: Alles ist gleich wahr, dann ist alles auch gleich falsch. Dann bleibt am Schluss übrig, jeder macht, wie es ihm einfällt. Insofern ist das Annehmen einer sich zeigenden Wahrheit, die eine solche wirklich ist, nicht Fanatismus gegen den anderen, sondern Begrenzung eines Eigenwillens und Maßstab, dem ich mich unterwerfe und durch den ich dann eben auch Licht in die Welt hereinlasse und zum richtigen Leben helfe.

Interview von Radio Vatikan, 14. 4. 2002

Wenn wir überzeugt sind und wenn wir die Erfahrung der Tatsache gemacht haben, dass das Leben ohne Christus unvollständig ist, dass eine Wirklichkeit, dass die grundlegende Wirklichkeit fehlt, dann müssen wir auch überzeugt sein, dass wir niemandem Unrecht tun, wenn wir ihm Christus zeigen und ihm die Möglichkeit anbieten, so auch seine wahre Authentizität zu finden, die Freude, das Leben gefunden zu haben.

Treffen mit dem Klerus von Rom, 13. 5. 2005

Das Christentum, könnten wir vereinfachend sagen, überzeugte durch die Verbindung des Glaubens mit der Vernunft und durch die Ausrichtung des Handelns auf die Caritas, auf die liebende Fürsorge für die Leidenden, Armen und Schwachen, über alle Standesgrenzen hinweg. Die Kraft des Christentums, die es zur Weltreligion werden ließ, bestand in seiner Synthese von Vernunft, Glaube und Leben; genau diese Synthese ist in dem Wort von der „religio vera" zusammenfassend ausgedrückt.

Frankfurter Allgemeine Zeitung, 8. 1. 2000

Mission schließt immer auch Dialog mit ein. Nur wenn ich den einen verstehe, kann der andere anfangen, mich zu verstehen. Wenn wir zum Beispiel auf die Gestalt Jesu, wie sie im Johannes-Evangelium erscheint, hinschauen, so spricht er natürlich als der, der die Wahrheit ist und sie offenbart, und in diesem Sinn auf einer anderen Stufe steht als seine Gesprächspartner. Aber immer doch so, dass er versucht, sie hinzuführen, so dass sie verstehen können und sehen, dass sie verstanden sind. In dem Sinn gehört also auch zur Mission immer das „Sich-verstehen-lernen", den anderen erkennen, auch damit man sehen kann, wie sehr sich in seiner Religion der Mensch irgendwie schon nach Christus ausstreckt. Nur wenn ich das weiß, kann ich auch

das korrigieren, was in der Religion, in der Geschichte verkehrt gelaufen ist.
In diesem Sinne ist Dialog notwendig, auch und gerade als Teil der missionarischen Aufgabe selbst. Aber zunächst, in einer ersten Stufe, gleichsam als absichtsloser Dialog, in dem es darum geht, sich für die Wahrheit gegenseitig zu öffnen. Gefahren gibt es ohne Zweifel, insofern eine Ideologie entstehen kann, die sagt: Nur wenn ich sozusagen auf mich selbst verzichte und nicht mehr voraussetze, dass mir Wahrheit schon geschenkt ist. Nur wenn ich voraussetze, dass der andere mit seiner Religion vollkommen gleichwertig ist, in meinem Glauben, dann kann ich ihm auch nichts mehr geben, in Wirklichkeit. Dann tappen wir alle im Dunklen herum. Und dann wird Dialog zum Einlasstor für einen Relativismus, der Beliebigkeit produziert. Insofern gibt es eine Gefahr, und deswegen muss man einerseits der Gefahr ins Auge blicken und von da andererseits dann die richtige Weise des Verstehens im respektvollen Umgehen miteinander lernen.

Interview von Radio Vatikan, 14. 4. 2002

Die immer wieder leidenschaftlich geforderte Multikulturalität ist manchmal vor allem Absage an das Eigene, Flucht vor dem Eigenen. Aber Multikulturalität kann ohne gemeinsame Konstanten, ohne Richtpunkte des Eigenen nicht bestehen. Sie kann ganz sicher nicht ohne Ehrfurcht vor dem Heiligen bestehen. Zu ihr gehört es, dem Heiligen des anderen ehrfürchtig zu begegnen, aber dies können wir nur, wenn uns das Heilige, Gott, selbst nicht fremd ist.
Gewiss, wir können und sollen vom Heiligen der anderen lernen, aber es ist gerade vor den anderen und für die anderen unsere Pflicht, selbst in uns die Ehrfurcht vor dem Heiligen zu nähren und das Gesicht des Gottes zu zeigen, der uns erschienen ist – des Gottes, der sich der Armen und Schwachen, der Witwen und Waisen, des Fremden annimmt; des Gottes, der so menschlich ist, dass er selbst ein Mensch werden wollte, ein leidender Mensch, der mit uns mitleidend dem Leiden Würde und Hoffnung gibt. Wenn wir dies nicht tun, verleugnen wir nicht nur die Identität Europas, sondern versagen auch den anderen einen Dienst, auf den sie Anspruch haben.

Den Kulturen der Welt ist die absolute Profanität, die sich im Abendland herausgebildet hat, zutiefst fremd. Sie sind überzeugt, dass eine Welt ohne Gott keine Zukunft hat. Insofern ruft uns gerade die Multikulturalität wieder zu uns selber zurück.

„Geistige Grundlagen Europas gestern, heute und morgen",
Vortrag von Kardinal Joseph Ratzinger in der
Bayerischen Landesvertretung in Berlin, 28. 11. 2000

Die christliche Familie – Keimzelle der Gesellschaft

Um der Gesellschaft ein wahrhaft menschliches Antlitz zu geben, dürfen die Völker das wertvolle Gut der auf der Ehe gegründeten Familie nicht außer Acht lassen. „Der Ehebund, durch den Mann und Frau unter sich die Gemeinschaft des ganzen Lebens begründen, welche durch ihre natürliche Eigenart auf das Wohl der Ehegatten und auf die Zeugung von Nachkommenschaft hingeordnet ist" (Can. 1055), ist das Fundament der Familie, Erbe und gemeinsames Gut der Menschheit. Daher muss die Kirche unermüdlich verkünden, dass, den Plänen Gottes entsprechend (vgl. Mt 19,3-9), die Ehe und die Familie unersetzlich sind und keine Alternative erlauben.

Schreiben anlässlich des V. Welttreffens der Familien, 17. 5. 2005

Mehr denn je hat die christliche Familie heute eine überaus edle und unentbehrliche Aufgabe, nämlich die Weitergabe des Glaubens, was die Hingabe an Jesus Christus, der gestorben und auferstanden ist, und die Eingliederung in die kirchliche Gemeinschaft voraussetzt. Die Eltern sind die ersten Evangelisierer der Kinder, der vorzüglichsten Gabe des Schöpfers (vgl. Gaudium et spes, 50), angefangen bei den ersten Gebeten, die sie ihre Kinder lehren. So entsteht allmählich ein im Willen Gottes verwurzeltes moralisches Spektrum, in dem das Kind mit jenen menschlichen und christlichen Werten heranwächst, die dem Leben vollen Sinngehalt verleihen.

Schreiben anlässlich des V. Welttreffens der Familien, 17. 5. 2005

Ehe und Familie sind in Wirklichkeit keine soziologische Zufallskonstruktion, sie sind nicht das Ergebnis besonderer historischer und wirtschaftlicher Situationen. Im Gegenteil, die Frage der richtigen Beziehung zwischen Mann und Frau hat ihre Wurzeln im tiefsten Wesen des Menschseins und kann ihre Antwort nur von daher finden.

Das heißt, sie kann nicht getrennt werden von der alten und immer neuen Frage des Menschen über sich selbst: Wer bin ich? Was ist der Mensch? Und diese Frage kann ihrerseits nicht von der Gottesfrage getrennt werden: Existiert Gott? Und wer ist Gott? Wie ist sein wahres Gesicht? Die Antwort der Bibel auf diese beiden Fragen ist einheitlich und folgerichtig: Der Mensch ist nach dem Bild Gottes geschaffen, und Gott selbst ist Liebe. Daher ist die Berufung zur Liebe das, was den Menschen zum echten Ebenbild Gottes macht: Er wird in dem Maße Gott ähnlich, in dem er ein Liebender wird.

Ansprache bei der Pastoraltagung zur Familie des Bistums Rom, 6. 6. 2005

In St. Paul vor den Mauern am 25. April 2005

Die Kirche lebt!

Die Kirche ist ihrem Wesen nach missionarisch, ihre vorrangige Aufgabe ist die Evangelisierung. (...) Zu Beginn des dritten Jahrtausends spürt die Kirche mit neuer Lebendigkeit, dass der missionarische Auftrag Christi von besonderer Aktualität ist. Das Große Jubiläum des Jahres 2000 leitete sie dazu an, „neu anzufangen bei Christus", der im Gebet betrachtet wird, damit das Licht seiner Wahrheit allen Menschen erstrahle, vor allem durch das Zeugnis der Heiligkeit.

Besuch in St. Paul vor den Mauern, 25. 4. 2005

Die Kirche als Zukunft der Welt

Die Gemeinschaft der Heiligen sind wir alle, die wir auf den Namen von Vater, Sohn und Heiligem Geist getauft sind und die wir von der Gabe des Fleisches und Blutes Christi leben, durch die er uns verwandeln und sich gleichgestalten will. Ja, die Kirche lebt – das ist die wunderbare Erfahrung dieser Tage. Durch alle Traurigkeit von Krankheit und Tod des Papstes hindurch ist uns dies auf wunderbare Weise sichtbar geworden: Die Kirche lebt. Und die Kirche ist jung. Sie trägt die Zukunft der Welt in sich und zeigt daher auch jedem Einzelnen den Weg in die Zukunft. Die Kirche lebt – wir sehen es, und wir spüren die Freude, die der Auferstandene den Seinen verheißen hat. Die Kirche lebt – sie lebt, weil Christus lebt, weil er wirklich auferstanden ist.

Wir haben an dem Schmerz, der auf dem Gesicht des Heiligen Vaters in den Ostertagen lag, das Geheimnis von Christi Leiden angeschaut und gleichsam seine Wunden berührt. Aber wir haben in all diesen Tagen auch den Auferstandenen in einem tiefen Sinn berühren dürfen. Wir dürfen die Freude verspüren, die er nach der kurzen Weile des Dunkels als Frucht seiner Auferstehung verheißen hat.

Hl. Messe zur Amtseinführung, 24. 4. 2005

Die Kirche ist nichts anderes als jenes Netz – die eucharistische Gemeinschaft! –, in dem wir alle, wenn wir denselben Herrn empfangen, zu einem einzigen Leib werden und die ganze Welt umfangen. Der Vorsitz in der Lehre und der Vorsitz in der Liebe müssen letzten Endes ein und dasselbe sein: Die ganze Lehre der Kirche führt schließlich zur Liebe. Und die Eucharistie als gegenwärtige Liebe Jesu Christi ist das Kriterium, an dem jede Lehre gemessen wird. An der Liebe hängen das ganze Gesetz und die Propheten, sagt der Herr (Mt 22,40). Die Liebe ist die Erfüllung des Gesetzes, schrieb der hl. Paulus an die Römer (Röm 13,10).

Hl. Messe zur Inbesitznahme der Lateranbasilika, 7. 5. 2005

Amtseinführung am 24. April 2005

Der Geist wirkt in der Kirche

In Jesus hat Gott sich uns selbst ganz geschenkt, das heißt, er hat uns alles geschenkt. Darüber hinaus oder daneben kann es für uns keine weitere Offenbarung geben, die in der Lage wäre, mehr mitzuteilen bzw. die Offenbarung Christi irgendwie zu ergänzen. In ihm, im Sohn, ist uns alles gesagt, ist uns alles geschenkt worden. Aber unsere Auffassungsgabe ist begrenzt; daher besteht die Sendung des Geistes darin, die Kirche immer wieder neu, von Generation zu Generation, in die Größe des Geheimnisses Christi einzuführen.

Hl. Messe zur Inbesitznahme der Lateranbasilika, 7. 5. 2005

So ist der Heilige Geist die Kraft, durch die uns Christus seine Nähe erfahren lässt. (...) Der auferstandene Christus braucht Zeugen, die ihm begegnet sind, Menschen, die ihn durch die Kraft des Heiligen Geistes zutiefst kennen gelernt haben. Menschen, die von ihm Zeugnis geben können, weil sie ihn sozusagen mit eigenen Händen berührt haben. Und so ist die Kirche, die Familie Christi, von „Jerusalem ... bis an die Enden der Erde“ gewachsen.

Durch die Zeugen ist die Kirche aufgebaut worden – angefangen bei Petrus und Paulus und den zwölf Aposteln bis hin zu all den Männern und Frauen, die, erfüllt von Christus, im Laufe der Jahrhunderte immer wieder neu die Flamme des Glaubens entzündet haben und sie weiter entzünden werden. Jeder Christ kann und soll auf seine Weise Zeuge des auferstandenen Christus sein. Wenn wir die Namen der Heiligen lesen, können wir sehen, wie oft es sich bei ihnen vor allem um einfache Menschen gehandelt hat – und das gilt auch heute noch –, Menschen, von denen ein strahlendes Licht ausging – und ausgeht –, das zu Christus hinzuführen vermag.

Hl. Messe zur Inbesitznahme der Lateranbasilika, 7. 5. 2005

Die Kirche muss immer wieder neu zu dem werden, was sie schon ist: Sie muss die Grenzen zwischen den Völkern öffnen und die Barrieren zwischen Klassen und Rassen niederreißen. In ihr darf es keinen geben, der vergessen oder verachtet wird. In der Kirche gibt es nur freie Brüder und Schwestern Jesu Christi.
Wind und Feuer des Heiligen Geistes müssen unaufhörlich jene Grenzen öffnen, die wir immer wieder zwischen uns aufrichten; wir müssen immer wieder von Babel, vom Verschlossensein in uns selbst, zu Pfingsten übergehen. Deshalb müssen wir ständig dafür beten, dass der Heilige Geist uns offen mache, uns die Gnade des gegenseitigen Verstehens schenke, um zum Volk Gottes zu werden, das aus allen Völkern kommt.

Hl. Messe zum Pfingstfest, 15. 5. 2005

Wenn wir die große Geschichte der Frauen in der Kirche sehen, dann sieht man auch, wie entscheidend die Frauen immer für die Kirche gewesen sind. Ich kann mich noch gut an die

Zeit erinnern, in der ich noch ein junger Professor war und in der stark kritisiert wurde, wie sehr die Kirche „verweiblicht“ sei. Dass in der Kirche eigentlich nur Frauen sind. Und es gar keine Männerkirche sei. Jetzt hören wir das Umgekehrte. Also insofern würde ich sagen: Die Kirche hat immer das Herz der Frauen besonders angesprochen. Von der Muttergottes an bis zu den großen weiblichen Heiligen unserer Zeit, war sie den Frauen meistens näher als den Männern.
Etwas anderes ist natürlich dann die Frage der praktischen Mechanismen, wie man in der Kirche Regierung ausüben und Frauen auch da den gebührenden Einfluss geben kann.

Interview von Radio Vatikan, 14. 4. 2002

In Papst Johannes Paul II. war ihnen [den Jugendlichen] ein Vater sichtbar geworden, der Vertrauen und Zuversicht schenkte. Der alle irgendwie untereinander verband. Es wurde sichtbar, dass die Kirche nicht in sich verschlossen und nur für sich selber da ist, son-

dern dass sie ein Lichtpunkt für die Menschen ist. Es wurde sichtbar: Die Kirche ist gar nicht alt und unbeweglich. Nein, sie ist jung.
Und wenn wir auf diese Jugend schauen, die sich um den verstorbenen Papst und letztlich um Christus scharte, für den er eingestanden war, dann wurde etwas nicht minder Tröstliches sichtbar: Es ist gar nicht wahr, dass die Jugend vor allem an Konsum und an Genuss denkt. Es ist nicht wahr, dass sie materialistisch und egoistisch ist. Das Gegenteil ist wahr: Die Jugend will das Große. Sie will, dass dem Unrecht Einhalt geboten wird. Sie will, dass die Ungleichheit überwunden und allen ihr Anteil an den Gütern der Welt wird. Sie will, dass die Unterdrückten ihre Freiheit erhalten. Sie will das Große. Sie will das Gute.

Audienz für die deutschen Pilger, 25. 4. 2005

Der Papst und die Kirche

Der Träger des Petrusamtes muss sich bewusst sein, dass er ein zerbrechlicher und schwacher Mensch ist – wie seine eigenen Kräfte zerbrechlich und schwach sind –, der ständiger Läuterung und Umkehr bedarf. Aber er darf sich auch dessen bewusst sein, dass er vom Herrn die Kraft erhält, seine Brüder im Glauben zu stärken und sie vereint zu halten im Bekenntnis zum gekreuzigten und auferstandenen Herrn.

Hl. Messe zur Inbesitznahme der Lateranbasilika, 7. 5. 2005

Der Bischof von Rom sitzt auf seiner Kathedra, um von Christus Zeugnis zu geben. Daher ist die Kathedra das Symbol der „potestas docendi“, jener Lehrvollmacht, die wesentlich zur Aufgabe des Bindens und Lösens gehört, die vom Herrn dem Petrus und nach ihm den Zwölf aufgetragen worden ist. In der Kirche gehören die Heilige Schrift, deren Verständnis unter der Eingebung des

Heiligen Geistes wächst, und der den Aposteln aufgetragene Dienst der authentischen Auslegung unlösbar zusammen.
Wo die Heilige Schrift von der lebendigen Stimme der Kirche losgelöst ist, wird sie zum Diskussionsthema der Experten. Sicher, alles, was sie uns zu sagen haben, ist wichtig und wertvoll; die Arbeit der Gelehrten ist für uns eine beachtliche Hilfe, um jenen lebendigen Wachstumsprozess der Schrift erfassen und somit ihren historischen Reichtum verstehen zu können. Aber die Wissenschaft allein kann uns keine endgültige und verbindliche Interpretation liefern; sie ist nicht in der Lage, uns in ihrer Interpretation jene Gewissheit zu geben, mit der wir leben können und für die wir auch sterben können. Dafür braucht es ein größeres Mandat, das nicht allein aus menschlichen Fähigkeiten entstehen kann. Dazu braucht es die Stimme der lebendigen Kirche, jener Kirche, die bis ans Ende der Zeiten dem Petrus und dem Apostelkollegium anvertraut wurde.

Hl. Messe zur Inbesitznahme der Lateranbasilika, 7. 5. 2005

In der Kirche ist Gehorsam jedoch nichts Formalistisches; es ist der Gehorsam gegenüber jemandem, der seinerseits gehorsam ist und der den gehorsamen Christus personifiziert. All dies hebt die konkreten Erfordernisse des Gehorsams nicht auf; es schwächt sie nicht einmal ab. Vielmehr gewährleistet es seine theologische Tiefe und seinen katholischen Atem: Im Bischof gehorchen wir Christus und der ganzen Kirche, die er an diesem Ort verkörpert.

Treffen mit dem Klerus von Rom, 13. 5. 2005

Der Papst ist kein absoluter Herrscher, dessen Denken und Willen Gesetz sind. Im Gegenteil: Sein Dienst garantiert Gehorsam gegenüber Christus und seinem Wort. Er darf nicht seine eigenen Ideen verkünden, sondern muss – entgegen allen Versuchen von Anpassung und Verwässerung sowie jeder Form von Opportunismus – sich und die Kirche immer zum Gehorsam gegenüber dem Wort Gottes verpflichten.

Das tat Papst Johannes Paul II., wenn er – angesichts sämtlicher, für den Menschen scheinbar gut gemeinter Versuche – den falschen Interpretationen der Freiheit gegenüber unmissverständlich die Unverletzlichkeit des menschlichen Wesens, die Unverletzlichkeit des menschlichen Lebens von der Empfängnis bis zum natürlichen Tod betonte. Die Freiheit zu töten, ist keine wahre Freiheit, sondern eine Tyrannei, die den Menschen zur Sklaverei erniedrigt.

Der Papst ist sich bewusst, dass er in seinen wichtigen Entscheidungen an die große Gemeinschaft des Glaubens aller Zeiten, an die verpflichtenden, auf dem Pilgerweg der Kirche entstandenen Interpretationen gebunden ist. So steht seine Macht nicht über dem Wort Gottes, sondern in dessen Dienst; und ihm obliegt die Verantwortung dafür, dass dieses Wort in seiner Größe erhalten bleibt und in seiner Reinheit erklingt, auf dass es nicht von den ständig wechselnden Moden zerrissen werde.

Hl. Messe zur Inbesitznahme der Lateranbasilika, 7. 5. 2005

Die Kirche der Umkehr

Die Kirche ist nicht von sich aus heilig. Tatsächlich besteht sie – das wissen und sehen wir alle – aus Sündern. Vielmehr wird sie immer wieder neu geheiligt durch die reinigende Liebe Christi. Gott hat nicht nur Worte gemacht, sondern uns auf äußerst realistische Weise geliebt, sogar bis zum Tod seines eigenen Sohnes. Und gerade dadurch zeigt er uns die ganze Großartigkeit der Offenbarung jener Wunde, die im Herzen Gottes selbst eingeschrieben ist. Jetzt kann jeder von uns persönlich mit dem heiligen Paulus sagen: Ich lebe „im Glauben an den Sohn Gottes, der mich geliebt und sich für mich hingegeben hat" (Gal 2,20).

Hl. Messe zum Fest Peter und Paul, 29. 6. 2005

So sehr die richtige Ordnung in der Kirche wichtig ist, sie ergibt sich umso mehr, je mehr wir das tun, wofür die Kirche da ist. Und sie ist ja da, damit Gott in dieser Welt sichtbar werden kann. Die Kirchenkonstitution des II. Vati-

kanums bezeichnet sie eben als den Spiegel oder auch als das Fenster, durch das Gott in die Welt hereinblickt. Deswegen sollte die Kirche vor allen Dingen versuchen, die Herausforderungen der modernen Welt anzunehmen und zu ihr verständlich und glaubwürdig von Gott zu sprechen.
Das setzt voraus, dass die Menschen, die in der Kirche dienen, selber gläubig sind. Und da gibt es dann oft sozusagen einen leisen Selbstwiderspruch: Ja, wir sind schon gläubig, aber so ganz sicher sind wir doch nicht. Wenn man spürt, dass man mit sich selbst zerfallen ist, dann kann auch die Antwort nicht sehr überzeugend sein. Also, selber die innere Berührung mit Christus suchen, um aus ihr heraus Zeugnis zu geben. Und ein solches Zeugnis, das zunächst Gott überhaupt einmal sichtbar macht, muss natürlich immer auch ein Zeugnis des Lebens sein, in dem sichtbar wird: Wer sich an Gott ausrichtet, der lebt auch richtig, im Bezug auf die Nächsten, auf die Gesellschaft, auf die großen Probleme unserer Zeit.

Interview von Radio Vatikan, 14. 4. 2002

Audienz mit Pilgern aus Südamerika

Gottes Gebote führen zu Freiheit, Gerechtigkeit und Frieden

Der Christ weiß: Gott steht auf der Seite der Bedrängten, der Verfolgten und der Unterdrückten, die Tag und Nacht zu ihm rufen. Gerade wo menschliche Hoffnungen zerbrechen, wird die Größe seiner erlösenden Macht sichtbar.

Generalaudienz, 22. 6. 2005

Das Gebot des Friedens

Was mich betrifft, so komme ich aus einem Land, in dem Friede und Brüderlichkeit allen Bewohnern am Herzen liegen, vor allem jenen, die, so wie ich, den Krieg und die Trennung zwischen Brüdern erlebt haben, die ein und derselben Nation angehören; das geschah auf Grund zerstörerischer und unmenschlicher Ideologien, die unter dem Deckmantel von Träumen und Illusionen den Menschen das Joch der Unterdrückung aufluden.
Sie werden also verstehen, dass mir ganz besonders am Dialog zwischen allen Menschen gelegen ist, um alle Formen von Konflikt und Spannung zu überwinden und aus unserer Welt eine Welt des Friedens und der Brüderlichkeit zu machen. Alle zusammen, die christlichen Gemeinschaften, die Verantwortlichen der Nationen, die Diplomaten und alle Menschen guten Willens, sind aufgerufen, sich in gemeinsamer Anstrengung für eine friedliche Gesellschaft einzusetzen, um die Versuchung zu Auseinandersetzungen zwischen Kulturen,

Ethnien und verschiedenen Lebenswelten zu überwinden. Dazu muss jedes Volk aus seinem spirituellen und kulturellen Erbe die besten Werte schöpfen, die es in sich trägt, um dem anderen ohne Angst und mit der Bereitschaft zu begegnen, die eigenen geistigen und materiellen Reichtümer zum Wohl aller zu teilen.

Ansprache an das diplomatische Korps, 12. 5. 2005

Die Welt, in der wir leben, ist oft von Konflikten, Gewalt und Krieg geprägt, aber sie sehnt sich ernsthaft nach Frieden, einem Frieden, der vor allem ein Geschenk Gottes ist, einem Frieden, für den wir unablässig beten müssen. Der Friede ist jedoch auch eine Aufgabe, zu der sich alle Völker verpflichten müssen, vor allem diejenigen, die ihre Zugehörigkeit zu religiösen Traditionen bekennen.

Unsere Bemühungen, zueinander zu finden und den Dialog zu fördern, stellen einen wertvollen Beitrag zum Aufbau des Friedens auf einer soliden Grundlage dar. Papst Johannes Paul II., mein verehrter Vorgänger, schrieb zu Beginn des neuen Jahrtausends: „Der Name

Mit Südafrikas Präsidenten Mbeki am 6. Mai 2005

des einzigen Gottes muss immer mehr zu dem werden, was er ist, ein Name des Friedens und ein Gebot des Friedens" (*Novo millennio ineunte*, 55). Es ist daher geboten, dass wir in einen authentischen und ehrlichen Dialog miteinander treten, gegründet auf den Respekt der Würde jedes Menschen, der, wie wir Christen fest glauben, nach dem Abbild und Gleichnis Gottes geschaffen wurde (vgl. Gen 1,26–27).

Treffen mit Vertretern anderer christlicher Kirchen und kirchlichen Gemeinschaften sowie anderer religiöser Traditionen, 25. 4. 2005

Religiöser Glaube ist mit Fanatismus nicht vereinbar, obwohl er faktisch natürlich oft als Fanatismus in der Geschichte aufgetreten ist und auftritt. Da sieht man dann, wie wichtig es ist, auf dem Weg zu Gott nicht auf halber Strecke Halt zu machen und ihn sozusagen sich zuzueignen und sich selber mit Gott zu identifizieren. Wie es ja im Fanatismus geschieht, wo man sich gleichsam selber als Gott gebärdet, der das Weltgericht in die Hand nimmt.

Die sicherste Schutzwehr gegen einen solchen Missbrauch des Gottesbegriffs, wo dann der scheinbare Glaube an Gott erst recht zerstörerisch wird, besteht, denke ich, darin, auf den Gott hinzuschauen, der sich im gekreuzigten Christus selber gezeigt hat. Wer auf den Gott hinschaut, der sich für uns umbringen lässt, kann nicht mehr auf fanatische Ideen kommen. Der hat dann den Weg zum ganzen Gottesbild gemacht. Und an Ihm Maß zu nehmen und so das wirkliche Gesicht Gottes zu sehen, das Fanatismus und Selbstgerechtigkeit ausschließt, das ist, glaube ich, die Weisung, die wir dieser Zeit geben müssen: Schaut hin auf den Gott, der sich gezeigt hat, so lernen wir leben und so lernen wir Frieden zu schaffen in dieser Welt.

Interview von Radio Vatikan, 14. 4. 2002

Jedesmal, wenn eine totalitäre Ideologie den Menschen mit Füßen tritt, ist die gesamte Menschheit ernsthaft bedroht. Die Erinnerungen dürfen nicht im Laufe der Zeit verblassen; sie müssen vielmehr zu einer strengen Lektion für unsere und die künftigen Generationen werden. Wir haben die Pflicht, die Jugendlichen daran zu erinnern, zu welchen Formen unvorstellbarer Gewalt die Verachtung des Menschen und die Verletzung seiner Rechte führen können.

Ansprache zur Filmvorführung „Karol, ein Mann, der Papst wurde", 19. 5. 2005

Angesichts der grausamen Terroranschläge in London sind wir alle sehr bekümmert. Lasst uns für die Menschen, die getötet wurden, für diejenigen, die verletzt wurden, und für alle Angehörigen beten. Aber lasst uns auch für die Attentäter beten: Möge der Herr ihre Herzen anrühren. All jenen, die Hass schüren und so abstoßende Terroranschläge durchführen, sage ich: Gott liebt das Leben, das er erschaffen hat, und nicht den Tod. Im Namen Gottes: Haltet ein!

Angelus, 10. 7. 2005

Das Gebot der Solidarität

Unser Herz kann keinen Frieden finden, solange wir unsere Brüder leiden sehen, unter dem Mangel an Nahrung, Arbeit, Unterkunft oder anderen grundlegenden Gütern. Um eine konkrete Antwort auf den Ruf zu geben, den unsere Brüder im Menschengeschlecht an uns richten, müssen wir die vorrangige Herausforderung aufnehmen: nämlich die der Solidarität zwischen den Generationen, der Solidarität zwischen den Ländern und Kontinenten für eine immer gerechtere Aufteilung der Ressourcen unseres Planeten unter allen Menschen. Dies ist einer der grundlegenden Dienste, den die Menschen guten Willens für die Menschheit leisten müssen. Die Erde ist ja in der Tat imstande, alle ihre Einwohner zu ernähren, vorausgesetzt, die reichen Länder behalten nicht für sich, was allen gehört.

Audienz für neue Botschafter beim Heiligen Stuhl, 16. 6. 2005

Wir müssen bekennen, dass Europa nicht nur den Glauben an Christus, sondern auch alle Laster des Alten Kontinents exportiert hat. Es hat die Haltung der Korruption, es hat die Gewalt, die Afrika jetzt verwüstet, exportiert. Und wir müssen unsere Verantwortung anerkennen, indem wir sicherstellen, dass die Verbreitung des Glaubens, der auf die tiefsten Erwartungen jedes Menschen antwortet, stärker ist als die Ausfuhr der europäischen Laster.
Dies scheint mir eine große Verantwortung zu sein. Es gibt immer noch den Waffenhandel. Es kommt zur Ausbeutung der Ressourcen dieses Kontinents. Um so mehr müssen wir Christen alles tun, damit der Glaube Afrika erreicht und mit dem Glauben die Kraft, diesen Lastern zu widerstehen und ein christliches Afrika aufzubauen, ein glückliches Afrika, [damit Afrika] ein großer Kontinent des neuen Humanismus sein wird.

Treffen mit dem Klerus von Rom, 13. 5. 2005

Das Motto dieses Jahres – „Die Courage, Flüchtling zu sein" – bringt die Geistesstärke zum Ausdruck, die diejenigen benötigen, die alles, ja manchmal sogar die eigene Familie, zurücklassen müssen, um großen Schwierigkeiten und Gefahren zu entkommen. Die christliche Gemeinde fühlt sich eng mit all jenen verbunden, die in einer so schmerzlichen Situation leben. Sie bemüht sich, ihnen zu helfen, und erweist ihnen auf verschiedene Weise ihre Verbundenheit und Liebe, die in konkreten Gesten der Solidarität Gestalt annehmen, damit jeder, der seiner Heimat fern ist, die Kirche als Heimat erfährt, in der niemand ein Fremder ist. Die liebevolle Sorge der Christen um jene Menschen, die sich in Schwierigkeiten befinden, und ihr Engagement für eine solidarischere Gesellschaft werden ständig gespeist durch die aktive und bewusste Teilnahme an der Eucharistie. Jeder, der beim eucharistischen Mahl mit dem Glauben Christi gespeist wird, nimmt in sich seinen Lebensstil auf: den Stil des zuvorkommenden Dienstes, insbesondere gegenüber den Schwächeren und denjenigen, denen es nicht so gut geht.

Angelus vor dem Weltflüchtlingstag (20. 6.), 19. 6. 2005

Die Zukunft Europas

Europa scheint in dieser Stunde seines äußersten Erfolgs von innen her leer geworden, gleichsam von einer lebensbedrohenden Kreislaufkrise gelähmt, sozusagen auf Transplantate angewiesen, die dann aber doch seine Identität aufheben müssen. Diesem inneren Absterben der tragenden seelischen Kräfte entspricht es, dass auch ethnisch Europa auf dem Weg der Verabschiedung begriffen erscheint. Es gibt eine seltsame Unlust an der Zukunft. Kinder, die Zukunft sind, werden als Bedrohung der Gegenwart angesehen; sie nehmen uns etwas von unserem Leben weg, so meint man. Sie werden weithin nicht als Hoffnung, sondern als Grenze der Gegenwart empfunden. Der Vergleich mit dem untergehenden Römischen Reich drängt sich auf, das als großer geschichtlicher Rahmen noch funktionierte, aber praktisch schon von denen lebte, die es auflösen sollten, weil es selbst keine Lebenskraft mehr hatte.

„Geistige Grundlagen Europas gestern, heute und morgen“, Vortrag in der Bayerischen Landesvertretung Berlin, 28. 11. 2000

Was ist das, „unsere" Kultur, die noch geblieben ist? Ist die siegreich über die Welt ausgebreitete Zivilisation der Technik und des Kommerzes die europäische Kultur? Oder ist sie nicht eher posteuropäisch aus dem Ende der alten europäischen Kulturen geboren? Ich sehe da eine paradoxe Synchronie: Mit dem Sieg der posteuropäischen technisch-säkularen Welt, mit der Universalisierung ihres Lebensmusters und ihrer Denkweise verbindet sich weltweit, besonders aber in den streng nicht-europäischen Welten Asiens und Afrikas der Eindruck, dass die Wertewelt Europas, seine Kultur und sein Glaube, worauf seine Identität beruhten, am Ende und eigentlich schon abgetreten sei; dass nun die Stunde der Wertesysteme anderer Welten, des präkolumbianischen Amerika, des Islam, der asiatischen Mystik gekommen sei.

„Geistige Grundlagen Europas gestern, heute und morgen",
Vortrag in der Bayerischen Landesvertretung Berlin, 28. 11. 2000

Die kommunistischen Systeme sind inzwischen zunächst an ihrer falschen ökonomischen Dogmatik gescheitert. Aber man übersieht allzu gern, dass sie tiefer hin an ihrer Menschenverachtung, an ihrer Unterordnung der Moral unter die Bedürfnisse des Systems und seine Zukunftsverheißungen zugrunde gegangen sind. Die eigentliche Katastrophe, die sie hinterlassen haben, ist nicht wirtschaftlicher Natur; sie besteht in der Verwüstung der Seelen, in der Zerstörung des moralischen Bewusstseins.

Ich sehe ein wesentliches Problem unserer Stunde für Europa und für die Welt darin, dass zwar nirgends das wirtschaftliche Scheitern bestritten wird und daher Altkommunisten ohne Zögern zu Wirtschaftsliberalen geworden sind; hingegen wird die moralische und religiöse Problematik, um die es eigentlich ging, fast völlig verdrängt. Insofern besteht die vom Marxismus hinterlassene Problematik auch heute fort: Die Auflösung der Urgewissheiten des Menschen über Gott, über sich selbst und über das Universum – die Auflösung des Bewusstseins moralischer Werte, die nie zur Disposition stehen, ist noch immer und gerade jetzt wieder unser Problem und kann zur Selbstzerstörung des europäischen Bewusstseins führen, die wir (...) als eine reale Gefahr ins Auge fassen müssen.

„Geistige Grundlagen Europas gestern, heute und morgen“, Vortrag in der Bayerischen Landesvertretung Berlin, 28. 11. 2000

Trotzdem würde ich es nicht als unnütz oder gar verfehlt ansehen, dass in der Präambel [der EU-Verfassung] selbst eine Identität definiert wird und dass Europa einfach sagt, was es ist, wo es herkommt, von wo es seine Maßstäbe nimmt. Ich würde sagen: Die Berufung auf Gott ist in der deutschen Verfassung ja da; sie ist in der amerikanischen Tradition, in der angelsächsischen Tradition ... Ich würde auch sagen: Das Argument ist falsch, dass man damit andere Religionen schockiert. Im Gegenteil: Sie sind schockiert über unseren absoluten Säkularismus.

Interview von Radio Vatikan, 18. 11. 2004

Der Einheit und dem Dialog verpflichtet

Es bedarf konkreter Gesten, die das Herz erfassen und die Gewissen aufrütteln, indem sie jeden zu der inneren Umkehr bewegen, die die Voraussetzung für jedes Fortschreiten auf dem Weg der Ökumene ist.

Hl. Messe Pro Ecclesia, 20. 4. 2005

Das Anliegen der Ökumene fördern

Der Weg zur vollen Gemeinschaft, die Jesus für seine Jünger gewollt hat, verlangt Mut, Milde, Beharrlichkeit und die Hoffnung, ans Ziel zu gelangen, in konkreter Fügsamkeit gegenüber dem, was der Geist den Kirchen sagt. Vor allem aber verlangt er beständiges, einmütiges Gebet, um vom Guten Hirten das Geschenk der Einheit für seine Herde zu erhalten.

Treffen mit Vertretern anderer christlicher Kirchen und kirchlichen Gemeinschaften sowie anderer religiöser Traditionen, 25. 4. 2005

Leiden gehört zu jedem Einigungsprozess. Das gilt schon in jedem persönlichen Leben. Sagen wir: Jede Ehe kann lebenslang stabil nur sein, wenn beide Seiten auch zum Leiden bereit sind und dadurch sich tiefer lieben lernen. Und so können solche Vereinigungsprozesse, in denen ja eine Geschichte von Jahrhunderten aufzuarbeiten ist, nicht ohne Leiden vor sich gehen. Ich würde sagen: Geduld ist auch in dem Sinne nötig, dass wir nicht mit einem Erfolgskalkül, oder gar mit Terminen an die Ökumene herantreten. Wenn wir sie behandeln wie politische Verhandlungen, wo dann einfach irgendwann innerhalb einer Frist etwas herauskommen muss, dann haben wir die Größenordnung falsch eingeschätzt, um die es hier geht. Denn hier geht es in die ganze Tiefe und Höhe der menschlichen Existenz. Dann haben wir vor allen Dingen sozusagen Gott versucht, denn am Ende kann nur er die Einheit der Kirche schaffen. Was bloß wir machen würden, wäre ja ein politisches Ergebnis und nicht die Kirche Gottes. Insofern ist es wichtig, sich nicht unter Erfolgszwang zu stellen und trotzdem, obwohl wir nicht kalkulieren können, zu wissen: wir handeln dem Auftrag Christi gemäß nur, wenn wir immer in einem liebevollen und entschiedenen Ringen miteinander verbleiben.

Interview von Radio Vatikan, 14. 4. 2002

Der theologische Dialog ist notwendig, und die Untersuchung der geschichtlichen Beweggründe dieser Entscheidungen, die in der Vergangenheit geschehen sind, ist ebenfalls unerlässlich. Aber am dringendsten ist die „Reinigung des Gedächtnisses", die von Johannes Paul II. so oft hervorgehoben wurde und die allein die Herzen darauf vorbereiten kann, die volle Wahrheit Christi aufzunehmen. Vor ihn, den höchsten Richter allen Lebens, muss jeder von uns hintreten in dem Bewusstsein, dass er Ihm eines Tages Rechenschaft ablegen muss über das, was er getan, und das, was er nicht getan hat im Hinblick auf das große Gut der vollen und sichtbaren Einheit aller seiner Jünger.

Hl. Messe Pro Ecclesia, 20. 4. 2005

Sowohl beim Hirtenbild wie beim Bild vom Fischer taucht der Ruf zur Einheit ganz nachdrücklich auf. „Ich habe noch andere Schafe, die nicht aus diesem Stall sind; sie muss ich führen, und sie werden auf meine Stimme hören; dann wird es nur eine Herde geben und einen Hirten“ (Joh 10,16), sagt Jesus am Ende der Hirtenrede. Und das Wort von den 153 großen Fischen endet mit der freudigen Feststellung: „Und obwohl es so viele waren, zerriss das Netz nicht“ (Joh 21,11). Ach, lieber Herr, nun ist es doch zerrissen, möchten wir klagend sagen. Aber nein – klagen wir nicht! Freuen wir uns über die Verheißung, die nicht trügt, und tun wir das Unsrige, auf der Spur der Verheißung zu gehen, der Einheit entgegen. Erinnern wir bittend und bettelnd den Herrn daran: Ja, Herr, gedenke deiner Zusage. Lass einen Hirten und eine Herde sein. Lass dein Netz nicht zerreißen und hilf uns, Diener der Einheit zu sein!

Hl. Messe zur Amtseinführung, 24. 4. 2005

Mit dem russisch-orthodoxen Metropoliten Kyrill

Im Dialog mit den Religionen

Die Geschichte der Beziehungen zwischen unseren beiden Gemeinschaften [der christlichen und jüdischen] war komplex und nicht selten schmerzvoll, dennoch bin ich der Überzeugung, dass das von Christen und Juden bewahrte „geistliche Erbe“ Quelle jener Weisheit und Inspiration ist, die uns in eine dem Plan Gottes entsprechende „Zukunft der Hoffnung“ (vgl. Jer 29,11) führen kann. Gleichzeitig bleibt die Erinnerung an die Vergangenheit für beide Gemeinschaften eine moralische Notwendigkeit und eine Quelle der Läuterung in unserem Bemühen, für Versöhnung und Gerechtigkeit, für die Achtung der menschlichen Würde und jenen Frieden zu beten und zu arbeiten, der letzten Endes ein Geschenk Gottes ist. Ihrer besonderen Natur zufolge muss diese Notwendigkeit eine ständige Reflexion über die tiefen historischen, moralischen und theologischen Fragen beinhalten, die die Erfahrung der Shoah aufwirft.

Audienz für die Delegation des Internationalen Jüdischen Komitees für interreligiöse Konsultationen, 9. 6. 2005

Wir waren alle sehr von der Tatsache beeindruckt, dass das Zeugnis von Papst Johannes Paul II. bei nichtchristlichen Völkern ein nachhaltiges Echo hervorgerufen hat, wie uns verschiedene Apostolische Nuntien berichteten. Dies bestätigt, dass dort, wo Christus durch ein konsequentes Leben verkündet wird, er zum Herzen aller Menschen sprechen kann, also auch zu den Brüdern und Schwestern anderer religiöser Traditionen. Die Mission der Kirche steht nicht im Widerspruch zur Achtung der anderen religiösen und kulturellen Traditionen. Christus nimmt dem Menschen nichts weg, sondern er schenkt ihm Leben, Freude und Hoffnung in Fülle.

Ansprache an die päpstliche Diplomatenakademie, 20. 5. 2005

In der Welt, wo sich noch immer zahlreiche Konflikte entwickeln, ist es wichtig, dass der Dialog zwischen den Kulturen nicht allein die Angelegenheit der Verantwortungsträger der Nationen ist, sondern dass er von allen Bewohnern, in den Familien, in den Erziehungseinrichtungen, in der Arbeitswelt und in den sozialen Einrichtungen, in Gang gebracht wird, um eine echte Kultur des Friedens aufzubauen.

Audienz für den Botschafter der Schweizerischen Eidgenossenschaft, 16. 6. 2005

Tragischerweise sind kulturelle Verschiedenheiten häufig eine Quelle für Unstimmigkeiten zwischen den Völkern, ja sogar Ursachen für sinnlose Konflikte und Kriege gewesen. Der Dialog zwischen den Kulturen ist in der Tat ein unverzichtbarer Baustein der universalen Zivilisation der Liebe, nach der sich jeder Mann und jede Frau sehnt.

Audienz für den Botschafter der ehemaligen jugoslawischen Republik Mazedonien, 19. 5. 2005

Die Liebe - das Zeichen Gottes

Im Neuen Testament geht Gott in seiner Liebe so weit, dass er selbst in seinem Sohn Fleisch von unserem Fleisch, wahrer Mensch wird. Auf diese Weise hat die Verbindung Gottes mit dem Menschen ihre höchste, unumkehrbare und endgültige Form angenommen.

Ansprache bei der Pastoraltagung zur Familie des Bistums Rom, 6. 6. 2005

Nur die Liebe zählt

Nicht die Gewalt erlöst, sondern die Liebe. Sie ist das Zeichen Gottes, der selbst die Liebe ist. Wie oft wünschten wir, dass Gott sich stärker zeigen würde. Dass er dreinschlagen würde, das Böse ausrotten und die bessere Welt schaffen. Alle Ideologien der Gewalt rechtfertigen sich mit diesen Motiven: Es müsse auf solche Weise zerstört werden, was dem Fortschritt und der Befreiung der Menschheit entgegenstehe. Wir leiden unter der Geduld Gottes. Und doch brauchen wir sie alle. Der Gott, der Lamm wurde, sagt es uns: Die Welt wird durch den Gekreuzigten und nicht durch die Kreuziger erlöst. Die Welt wird durch die Geduld Gottes erlöst und durch die Ungeduld der Menschen verwüstet.

Hl. Messe zur Amtseinführung, 24. 4. 2005

Alle Menschen wollen eine Spur hinterlassen, die bleibt. Aber was bleibt? Das Geld

nicht. Auch die Gebäude bleiben nicht; ebenso wenig die Bücher. Nach einer gewissen, mehr oder weniger langen Zeit verschwinden alle diese Dinge. Das Einzige, was ewig bleibt, ist die menschliche Seele, der von Gott für die Ewigkeit erschaffene Mensch. Die Frucht, die bleibt, ist daher das, was wir in die menschlichen Seelen gesät haben – die Liebe, die Erkenntnis; die Geste, die das Herz zu berühren vermag; das Wort, das die Seele der Freude des Herrn öffnet.
Brechen wir also auf und bitten den Herrn, er möge uns helfen, Frucht zu bringen, eine Frucht, die bleibt. Nur so wird die Erde vom Tal der Tränen in einen Garten Gottes verwandelt.

Hl. Messe Pro eligendo Romano Pontifice, 18. 4. 2005

Das Wort, das die gesamte Offenbarung zusammenfasst, lautet: „Gott ist die Liebe" (1 Joh 4,8.16). Die Liebe ist stets ein Geheimnis, eine Wirklichkeit, die den Verstand übersteigt; sie steht dabei nicht im Widerspruch zu ihm, sondern bringt seine Fähigkeiten voll zur Entfaltung. Jesus hat uns das Mysterium Gottes enthüllt: Er, der Sohn, hat uns den Vater im Himmel erkennen lassen und uns den Heiligen Geist, die Liebe des Vaters und des Sohnes, geschenkt. Die christliche Theologie fasst die Wahrheit über Gott in diesem Begriff zusammen: ein einziges Wesen in drei Personen. Gott ist nicht Einsamkeit, sondern vollkommene Gemeinschaft. Deshalb verwirklicht sich der Mensch als Abbild Gottes in der Liebe, die aufrichtige Selbsthingabe ist.

Angelus, 22. 5. 2005

Nichts kann in der Welt besser werden, wenn nicht das Böse überwunden wird. Und das Böse kann nur durch die Vergebung überwunden werden. Es muss natürlich eine wirksame Vergebung sein. Aber diese Vergebung kann uns allein der Herr gewähren. Eine Vergebung, die das Böse nicht nur mit schönen Worten aus dem Weg räumt, sondern es wirklich zerstört. Das aber kann nur durch das Leiden geschehen, und es ist tat-

Amtseinführung am 24. April 2005

sächlich geschehen durch die leidende Liebe Christi, aus der wir die Vollmacht zur Vergebung schöpfen.

Hl. Messe zum Pfingstfest, 15. 5. 2005

Wir können nicht mit dem Herrn kommunizieren, wenn wir nicht untereinander kommunizieren. Wenn wir vor ihm erscheinen wollen, müssen wir uns auch bewegen und aufeinander zugehen. Dazu müssen wir die große Lektion der Vergebung lernen: Nicht im Herzen das nagende Gefühl des Grolls arbeiten lassen, sondern das Herz für die Großmut öffnen und dem anderen zuhören, das Herz für das Verständnis ihm gegenüber öffnen, um möglicherweise seine Entschuldigungen anzunehmen und unsere eigenen großzügig anzubieten.

Hl. Messe zum Nat. Eucharistischen Kongress Italiens, 29. 5. 2005

Gott – Garant der Freiheit

Der Herr lässt sein Angesicht über den Seinen leuchten. Wir alle bedürfen der liebevollen Zuwendung Gottes; ohne seine Hilfe geht unser Leben fehl. Denn oft sind wir der Verachtung und dem Spott derer ausgesetzt, die Gott aus ihrem Leben ausschließen. Wir wissen, dass der Herr das Vertrauen und die Hoffnung der Seinen nicht enttäuscht. Wenn die Augen unseres Herzens seinem väterlichen Blick begegnen, erblüht in unserer Seele die Gnade und wir werden von innen her heil.

Generalaudienz, 15. 6. 2005

Für Israel war Pfingsten vom Erntefest zu dem Fest geworden, das an den Bundesschluss am Sinai erinnerte. Gott hatte durch Wind und Feuer dem Volk seine Gegenwart deutlich gemacht und ihm dann sein Gesetz, die Zehn Gebote, geschenkt. Erst damit war das Befreiungswerk, das mit dem Auszug aus Ägypten begonnen hatte, ganz vollendet: Die

menschliche Freiheit ist immer eine mit den Mitmenschen geteilte Freiheit, eine Gesamtheit von Freiheiten. Nur in einer geordneten Harmonie der Freiheiten, die jedem seinen eigenen Bereich eröffnet, kann eine allgemeine Freiheit aufrechterhalten werden.
Deshalb war das Geschenk des Gesetzes auf dem Sinai keine Einschränkung oder gar Aufhebung der Freiheit, sondern gerade die Grundlage der wahren Freiheit. Und da eine gerechte menschliche Ordnung nur aufrechterhalten werden kann, wenn sie von Gott kommt und wenn sie die Menschen im Hinblick auf Gott miteinander verbindet, dürfen zu einer ausgeglichenen Ordnung der menschlichen Freiheiten die von Gott selbst geschenkten Gebote nicht fehlen. (...) Die Begegnung mit Gott am Sinai könnte als Fundament und Garantie seiner Existenz als Volk angesehen werden. Sturm und Feuer, die über die im Abendmahlssaal versammelte Gemeinde der Jünger Christi hereinbrachen, stellten eine Weiterentwicklung des Geschehens am Sinai dar und verliehen ihm eine neue Weite.

Hl. Messe zum Pfingstfest,
15. 5. 2005

Fronleichnam 2005

Ein Hymnus des Vertrauens, der Lobpreisung und der Freude ist der Psalm 113, der die Reihe der „Hallelpsalmen" eröffnet, die an die Befreiung Israels aus der Knechtschaft Ägyptens erinnern. Der Name des Herrn, Gott selbst, steht darin im Mittelpunkt. Alles Sein und alle Zeit sind hineingenommen in ein einziges Dankgebet: „Vom Aufgang der Sonne bis zum Untergang sei der Name des Herrn gelobt!" (Ps 113,3).
Unaufhörlich steigt der Lobgesang des Gottesvolkes zum Schöpfer und Herrn der Geschichte auf. Seine Herrlichkeit überragt Himmel und Erde. Aber diese Größe Gottes bedeutet keineswegs, dass er dem Menschen fernbliebe. In unerschöpflicher Liebe blickt er auf die Bedürftigen und Leidenden, die er tröstet und denen er zu Hilfe eilt. Der Lobpreis der Größe Gottes ist deshalb zugleich Ausdruck des Vertrauens auf seine rettende Nähe.

Generalaudienz, 18. 5. 2005

Der Weg Israels führte in Richtung des verheißenen Landes; die ganze Menschheit sucht so etwas wie das verheißene Land. Die Osterliturgie ist in diesem Punkt sehr konkret. Ihr Ziel sind die Sakramente der christlichen Initiation: die Taufe, die Firmung, die heilige Eucharistie. Auf diese Weise sagt uns die Kirche, dass diese Sakramente die Vorwegnahme der neuen Welt, ihre vorweggenommene Gegenwart in unserem Leben sind.

Hl. Messe in der Osternacht, 26. 3. 2005

Joseph Ratzinger – Benedikt XVI.

1927	Joseph Aloysius Ratzinger wird am 16. April in Marktl am Inn/ Oberbayern, Bistum Passau, geboren
1943–1945	Flakhelfer zum Schutz einer BMW-Fabrik (08/1943–09/1944), Reichsarbeitsdienst im österreichischen Burgenland, Infanteriesoldat, in den letzten Kriegstagen desertiert, dann amerikanische Kriegsgefangenschaft
1945	Abitur in Traunstein/Chiemgau
1945–1951	Studium der Philosophie und Theologie in Freising
1951	Priesterweihe am 29. Juni in München zusammen mit seinem Bruder Georg
1953	Promotion über Augustinus zum Dr. theol. an der Universität in München
1954/55	Lehrstuhlvertreter in Freising
1957	Habilitation im Fach Fundamentaltheologie ebenfalls in München

1958	Mit 31 Jahren Professur für Dogmatik und Fundamentaltheologie in Freising
1959	Professor für Dogmatik und Fundamentaltheologie in Bonn
1962–1965	Berater und Redenschreiber von Joseph Kardinal Frings/Köln beim II. Vatikanischen Konzil
1963	Professor für Dogmatik und Dogmengeschichte in Münster
1964	Mitglied der Rheinisch-Westfälischen Akademie der Wissenschaften
1966	Professor für Dogmatik in Tübingen Mitglied der Académie des Sciences Religieuses, Brüssel
1969	Professor für Dogmatik und Dogmengeschichte in Regensburg
1976	Vizepräsident der Universität in Regensburg
1977	Ernennung zum Erzbischof von München und Freising, bereits einen Monat nach der Bischofsweihe (28. Mai) zum Kardinal erhoben (27. Juni)

1981	Präfekt der Kongregation für die Glaubenslehre Präsident der Päpstlichen Bibelkommission und der Internationalen Theologenkommission
1984	Ehrendoktor des College of St. Thomas, St. Paul, Minnesota/USA
1986	Ehrendoktor der Kath. Universität Lima/Peru Präsident der Kommission zur Vorbereitung des Katechismus der Kath. Kirche
1987	Ehrendoktor der Kath. Universität Eichstädt
1988	Ehrendoktor der Kath. Universität Lublin/Polen
1991	Mitglied der Europäischen Akademie für Wissenschaften und Künste Salzburg/Österreich
1992	Mitglied der Académie des Sciences Morales et Politiques de l´Institut de France Paris/Frankreich
1992	Ernennung zum Titularbischof der suburbikarischen Diözese Velletri-Segni.

1993	Ernennung zum Kardinalbischof
1998	Vizedekan des Kardinalskollegiums
	Ehrendoktor der Universität von Navarra, Pamplona/Spanien
1999	Ehrendoktor der Rechtswissenschaften der Universität Maria SS. Assunta Rom/Italien
2000	Ehrendoktor der Päpstl. Theologischen Fakultät Breslau/ Polen
	Mitglied der Päpstlichen Akademie der Wissenschaften
2002	Dekan des Kardinalskollegiums
2005	Am 19. April wird Joseph Ratzinger zum Papst gewählt und nennt sich Benedikt XVI. Am 24. April feierliche Amtseinführung auf dem Petersplatz

Text- und Bildnachweis

Radio Vatikan

Fotos:
Corbis: Titel, S. 69, 101
Picture-Alliance/dpa: S. 9, 17, 25, 28, 33, 37, 53, 81, 85, 97, 117, 129, Rückseite
KNA: S. 45, 125

Der Verlag hat sich darum bemüht, alle Inhaber von Rechten in Erfahrung zu bringen. Für zusätzliche Hinweise sind wir dankbar.